班组长能力提升系列题库

班组长
环境安全健康管理能力题库

中华全国总工会劳动和经济工作部　技能强国–全国产业工人学习社区◎编

中国工人出版社

图书在版编目（CIP）数据

班组长环境安全健康管理能力题库 / 中华全国总工会劳动和经济工作部，技能强国-全国产业工人学习社区编. —北京：中国工人出版社，2024.4
ISBN 978-7-5008-8444-6

Ⅰ.①班… Ⅱ.①中… ②技… Ⅲ.①班组管理—安全管理—习题集
Ⅳ.①F406.6-44

中国国家版本馆CIP数据核字（2024）第072383号

班组长环境安全健康管理能力题库

出 版 人 董 宽
责任编辑 魏 可
责任校对 张 彦
责任印制 栾征宇
出版发行 中国工人出版社
地　　址 北京市东城区鼓楼外大街45号 邮编：100120
网　　址 http://www.wp-china.com
电　　话 （010）62005043（总编室）
（010）62005039（印制管理中心）
（010）62379038（职工教育编辑室）
发行热线 （010）82029051 62383056
经　　销 各地书店
印　　刷 天津中印联印务有限公司
开　　本 880毫米×1230毫米 1/32
印　　张 8.75
字　　数 165千字
版　　次 2024年4月第1版 2024年4月第1次印刷
定　　价 22.00元

本书如有破损、缺页、装订错误，请与本社印制管理中心联系更换

目　录
CONTENTS

单项选择题

1. 停电检修时，在一经合闸即可送电到工作地点的开关或刀闸的操作把手上，应悬挂（　）标示牌。

A.“在此工作”

B.“止步，高压危险”

C.“禁止合闸，有人工作”

D.“注意触电，危险”

2.“为了预防、控制和消除职业病危害，防治职业病，保护劳动者健康及其相关权益”，这是（　）的立法依据。

A.《劳动保护条例》　B.《劳动法》

C.《工伤保险条例》　D.《职业病防治法》

3. 灯泡与可燃物要有一定的安全间距，白炽灯、高压汞灯与可燃物之间的安全距离不小于（　）米。

A. 0.5　B. 0.8

C. 1　D. 1.2

4. 坚硬的黏土立壁垂直挖深度不宜超过（　）米。

A. 1　B. 1.25

C. 1.5　D. 2

5. 上岗前（　）小时及工作时禁止饮酒。

A. 0.5　B. 1

C. 1.5　D. 2

6. 挖出的泥土应堆放在沟边（　）米以外。

A. 0.5　　B. 1

C. 1.5　　D. 2

7. 在没有脚手架或者在没有栏杆的脚手架上工作，高度超过（　）米时，应使用安全带或采取其他可靠的安全措施。

A. 2　　B. 1.5

C. 1.9　　D. 3

8.《刑法》第 134 条对重大责任事故罪追究刑事责任最高可判（　）年有期徒刑。

A. 5　　B. 7

C. 10　　D. 15

9. 若为沾染皮肤中毒，应迅速脱去受污染的衣物，并用大量流动的清水冲洗至少（　）分钟。

A. 5　　B. 8

C. 10　　D. 15

10. 包扎范围应超出伤口边缘（　）厘米。

A. 3~5　　B. 5~10

C. 10~15

11. 直接损失（　）万元以下，定为一般火灾。

A. 2000　　B. 3000

C. 1000　　D. 5000

12. 较大事故，是指造成 3 人以上 10 人以下死亡，或者 10 人以上 50 人以下重伤，或者（ ）万元以上（ ）万元以下直接经济损失的事故。

A. 500；1000　　B. 1000；5000

C. 1000；3000　　D. 3000；5000

13. 通过人体的电流超过（ ）毫安就有生命危险。

A. 30　　B. 50

C. 100　　D. 150

14. 某地区 2014 年度发生不期望的机械事件共计 6600 起。依据海因里希法则推断，该地区在 2014 年度可能发生机械伤害的轻伤事故是（ ）起。

A. 20　　B. 580

C. 1060　　D. 6000

15. 在对锅炉、压力容器维修的过程中，应使用（ ）伏的安全灯照明。

A. 36　　B. 24

C. 12

16. 受限空间照明电压应当小于或等于（ ）伏，潮湿容器、狭小容器内作业电压应小于或等于（ ）伏。

A. 36；24　　B. 36；12

C. 12；24　　D. 12；36

17. 企业对生产中的安全工作除进行经常性的检查外，每年还应该定期进行（　）群众性检查。

A. 1~2 次　　B. 2~4 次

C. 12 次　　D. 多次

18. GB 30871—2014 规定，临时用电时间一般不超过（　）天，特殊情况不超过一个月，用电结束后，用电单位应及时通知供电单位拆除临时用电线路。

A. 7　　B. 10

C. 15　　D. 20

19. 死亡（　）人以上、30 人以下定为重大火灾。

A. 10　　B. 5

C. 15　　D. 20

20. 较大事故，是指造成 3 人以上（　）人以下死亡，或者（　）人以上 50 人以下重伤，或者 1000 万元以上 5000 万元以下直接经济损失的事故。

A. 5；5　　B. 10；10

C. 15；15　　D. 20；20

21. 一般事故，是指造成 3 人以下死亡，或者 10 人以下重伤，或者（　）万元以下直接经济损失的事故。

A. 500　　B. 1000

C. 1500　　D. 2000

22. 自救器悬挂的位置不要超过工作点（　）米远，以便随时使用。

A. 5　　B. 10

C. 15

23. 受限空间作业证的有效时间不应超过（　）小时。

A. 8　　B. 12

C. 16　　D. 24

24. 当一氧化碳浓度为 1%、环境温度为 25 摄氏度、相对湿度为 90%rh 以上、呼吸量为 3 升 / 分钟时，过滤式自救器的有效使用时间可达（　）。

A. 40 分钟　　B. 45 分钟

C. 1 小时

25. 在（　）米以下深坑、井挖土时，必须戴安全帽。

A. 1　　B. 1.5

C. 2　　D. 3

26. 过滤式自救器只适用于空气中一氧化碳浓度不大于（　）%，氧气浓度不低于 18%的条件下。

A. 2　　B. 1.5

C. 2.5

27. GB 30871—2014 规定，临时用电线路架空线应架设在专用电杆或支架上，最大弧垂与地面距离，在作业现场不低于（　）米，穿越机动车道不低于（　）米。

A. 2.5；3　　B. 3；5

C. 2.5；5　　D. 5；5

28. 高处作业应扎好安全带，戴好安全帽，不穿光滑底、硬底鞋。凡在坠落高度基准面（　）米及以上，有可能坠落的高处进行的作业，均称为高处作业。

A. 1.5　　B. 2

C. 2.5　　D. 3

29. 死亡（　）人以上，定为特别重大火灾。

A. 10　　B. 30

C. 20　　D. 50

30. 直接经济损失（　）万元以上、1 亿元以下定为重大火灾。

A. 1000　　B. 5000

C. 2000　　D. 3000

31. 国际劳工组织和世界卫生组织联合发起的全球消除尘肺病的规划，远期目标是到（　）年全球消除尘肺病。

A. 2010　　B. 2030

C. 2025　　D. 2035

32. 厂区内车辆使用车速不得超过（　）千米每小时。

A. 40　　B. 30

C. 20　　D. 10

33. 施工现场室内照明线路与灯具安装高度低于（　）米时，应采用36伏安全电压。

A. 2.6　　B. 2.4

C. 2　　D. 3

34. 使用止血带以不超过（　）为宜，应尽快将伤员送到医院救治。

A. 1小时　　B. 1.5小时

C. 2小时　　D. 30分钟

35.（　）层楼以上抬运预制构件，必须搭设牢固的跨越跳板。

A. 1　　B. 2

C. 3　　D. 4

36. 仓库内的气瓶放置应整齐，立放时应妥善固定；横放时头部朝同一方向，垛高不得超过（　）层。

A. 5　　B. 4

C. 3

37. 除法律另有规定外，违法行为自发生之日起（　）年内未被发现的，不得再给予行政处罚。

A. 1　　B. 2

C. 3　　D. 4

38. 高危生产经营单位每年至少组织（　）次综合或者专项应急预案演练。每年至少组织1次现场处置方案演练。

A. 1　　B. 2

C. 3　　　　D. 4

39. 特种作业人员必须持证上岗，严禁无证操作。取得特种作业人员操作证者每（　）年进行一次复审。

A. 1　　　　B. 2

C. 3　　　　D. 4

40. 叉车载货高度从地面算起不得超过（　）米。

A. 1.5　　　　B. 2.5

C. 3.5　　　　D. 4.5

41. 根据《刑法》规定，失火罪处以（　）年有期徒刑。

A. 1~2　　　　B. 2~3

C. 3~6　　　　D. 3~7

42. 安全帽应保证人的头部和帽体内顶部的空间，至少有（　）毫米才能使用。

A. 20　　　　B. 25

C. 32

43. 凡在潮湿工作场所或在金属容器内使用手提式电动用具或照明灯时，应采用（　）伏安全电压。

A. 12　　　　B. 24

C. 36　　　　D. 42

44. 施工单位应当对管理人员和作业人员每年至少进行（　）次安全生产教育培训。

A. 1　　B. 2

C. 3　　D. 5

45. 企业安全性评价的周期一般为（　）年。

A. 1~2　　B. 2~3

C. 3~4　　D. 4~5

46. 帕雷托图中有（　）个纵坐标线。

A. 1　　B. 2

C. 3　　D. 4

47. 起重设备作业中，安全作业半径为（　）。

A. 1 米　　B. 2 米

C. 3 米　　D. 无安全作业半径

48. 安全带使用（　）年后应检查一次。

A. 2　　B. 3

C. 4　　D. 5

49. 班组安全教育由班组长组织实施，不少于（　）学时。

A. 8　　B. 24

C. 4　　D. 6

50. 制动摩擦片最大磨损厚度超过原厚度的（　）% 时，应更换新的摩擦片。

A. 5　　B. 10

C. 40　　D. 50

51. 预留洞口在（ ）厘米以内可以不设安全防护设施。

A. 20　　B. 30

C. 40　　D. 50

52. 可能导致人死亡的致命电流为（ ）毫安。

A. 35　　B. 40

C. 45　　D. 50

53. 头部损伤应让伤者安静卧床，头不要乱动，早期可冷敷，以减轻出血和疼痛，（ ）小时后改用热敷，以促进血肿吸收。

A. 12　　B. 24

C. 48　　D. 6

54. 在工作时间和工作岗位，突发疾病死亡或者在（ ）小时之内经抢救无效死亡的可视同工伤。

A. 12　　B. 24

C. 48　　D. 120

55. 火场上切勿轻易跳楼，在万不得已的情况下，住在低楼层一般（ ）层以下的居民可采取跳楼的方法进行逃生。

A. 2　　B. 3

C. 4　　D. 5

56. 发生有机气体泄漏时应使用（ ）号滤毒罐。

A. 3　　B. 4

C. 5　　D. 7

57. 特别重大事故，是指造成 30 人以上死亡，或者 100 人以上重伤（包括急性工业中毒，下同），或者（　）亿元以上直接经济损失的事故。

A. 1　　B. 3

C. 5　　D. 10

58. 各单位及项目部驾驶车辆的驾驶员，必须取得交通管理部门颁发的相应级别的驾驶证，由操作技术好、职业道德好，连续驾龄大于（　）年和行车（　）万公里以上，而且无任何事故的驾驶员担任。违反以上规定，将追究本单位主管领导或项目经理责任。

A. 2；5　　B. 3；5

C. 5；10　　D. 8；10

59. 重大事故，是指造成（　）人以上 30 人以下死亡，或者 50 人以上（　）人以下重伤，或者 5000 万元以上 1 亿元以下直接经济损失的事故。

A. 10；80　　B. 10；100

C. 5；80　　D. 5；100

60. 呼吸性粉尘是指粒度在（　）微米以下的粉尘。

A. 1　　B. 3

C. 5　　D. 10

61. 生产经营单位的主要负责人未履行新《安全生产法》规定的

安全生产管理职责的，责令限期改正，处2万元以上（ ）万元以下的罚款。

A. 3　　B. 4

C. 5　　D. 10

62. 腰部弯曲的合理工作范围为（ ）。

A. 0~20度　　B. 20度~60度

C. 60度~90度　　D. 大于60度

63. 发生触电事故的危险电压一般是从（ ）伏开始。

A. 24　　B. 36

C. 65　　D. 50

64. 建筑物起火后的（ ）分钟是灭火的最好时间，超过那个时间，就要设法逃离现场。

A. 5~7　　B. 3~5

C. 6~8　　D. 8~10

65. 噪声聋是生产性噪声引起的职业病，工作场所操作人员每天连续接触噪声8小时，噪声声级卫生限值为（ ）。

A. 75dB（A）　　B. 85dB（A）

C. 88dB（A）　　D. 90dB（A）

66. 停止QC活动时间达（ ）个月的QC小组应予以注销。

A. 3　　B. 6

C. 9　　D. 12

67. 职业安全健康管理体系标准用（　）来表示。

A. ISO18000　　B. ISO18001

C. OSHMS

68. 下列有害气体中呈棕红色的是（　）。

A.H_2S　　B.NO_2

C.SO_2

69. 创“无违章班组”工作第一责任者是（　）。

A. 班组长　　B. 公司高层领导

C. 安监局专责　　D. 公司中层领导

70. 工业企业安全管理的基础组织是（　）。

A. 班组　　B. 车间

C. 安全部门　　D. 安全员

71. 火场逃生的原则是（　）。

A. 抢救国家财产为上

B. 先带上日后生活必需钱财

C. 安全撤离、救助结合

D. 逃命要紧

72. 擦二层以上的外窗玻璃必须挂（　），并且必须牢固。

A. 安全网　　B. 吊架

C. 安全带　　D. 安全帽

73. 我国的安全生产方针是（　）。

A. 安全保证生产，生产必须安全

B. 加强劳动保护，改善劳动条件

C. 安全第一，预防为主，综合治理

74. 保证劳动者在劳动中的（　），是党和国家的一贯方针。

A. 人身安全　　B. 安全生产

C. 安全和健康

75. 全员安全管理，应落实一线员工参与（　）的政策。

A. 工伤保险　　B. 安全生产

C. 安全监察　　D. 劳动保护

76. 用人单位采购、发放和使用的特种劳动防护用品必须具有安全生产许可证、产品合格证和（　）。

A. 使用说明书　　B. 质量检验证

C. 安全鉴定证

77. 班组安全员应协助班组长开展班前（　）、班中安全检查、班后安全分析小结。

A. 安全检查　　B. 安全预想

C. 安全教育　　D. 以上都不是

78. 下面不正确的表述是（　）。

A. 安全教育是教导人们强制接受教育的过程

B. 安全教育是教导人们避免危险的过程

C. 安全教育是教导人们不出事故的过程

D. 安全教育是教导人们寻求平安的过程

79.《安全生产法》规定，生产经营单位在有较大危险因素的生产经营场所和有关设施、设备上，设置明显的（　）。

A. 安全宣传标语　　B. 安全宣教挂图

C. 安全警示标志　　D. 安全宣传手册

80. 安全技术措施的选择需要科学的（　），必须建立在及时发现安全隐患、准确评价系统危险性的基础之上。

A. 安全分析　　B. 安全评价

C. 安全决策　　D. 安全生产

81. 提高安全执行力的关键是（　）。

A. 安全培训　　B. 安全检查

C. 安全考核　　D. 安全制度

82. 新进场劳动者必须经过上岗前三级安全教育，即公司教育、项目部教育和（　）。

A. 工种教育　　B. 班组教育

C. 安全科教育　　D. 行业教育

83. 危害辨识、风险评价和（　）的策划是建立和有效运行职业安全健康管理体系的基础。

A. 风险控制　　B. 安全分析

C. 安全评价　　D. 安全控制

84. 危险化学品经营企业销售的危险化学品必须有（　）和安全

标签。

A. 化学品安全技术说明书　B. 事故应急处理预案

C. 安全评价证书

85. 班组长负责对新工人进行（　）教育，在其未能独立工作前，指定专人负责其人身安全。

A. 技术业务　B. 劳动纪律

C. 安全生产　D. 作业纪律

86. 安全生产责任制的实质是（　）。

A. 安全第一，预防为主　B. 管生产，必须要管安全

C. 安全生产，人人有责

87. 施工单位应设（　）机构和配备（　）人员。

A. 安全生产监督，专职或兼职安全管理

B. 安全生产管理，专职安全管理

C. 安全生产，专职安全监督

D. 安全管理，兼职安全管理

88.《安全生产法》规定：任何单位或者个人对事故隐患或者（　），均有权向负有安全生产监督管理职责的部门报告或者举报。

A. 安全生产经营行为

B. 安全生产规避行为

C. 安全生产违法行为

89.《安全生产法》规定：负有安全生产监督管理职责的部门，对涉及安全生产的事项需要审查批准或者验收的，必须严格依照有关法律、法规和国家标准或者行业标准规定的（ ）进行审查。

A. 安全生产条件和级别　　B. 安全生产条件和程序

C. 安全生产形式和程序

90. 失去了真实性，（ ）。

A. 安全性评价就失去了全部意义

B. 安全性评价就失去了指导性意义

C. 安全性评价就失去了管理性意义

D. 安全性评价就失去了整改性意义

91. 关于安全承诺描述不正确的是（ ）。

A. 把外在责任转化为内在诉求

B. 把领导重视转化为具体关注

C. 把理念转化为行动

D. 把外在责任转化为具体关注

92. 工地行驶斗车、小平车的轨道坡度不得大于（ ）。

A. 2%　　B. 3%

C. 4%　　D. 6%

93. 关于班组安全管理台账填写频次，以下说法错误的是（ ）。

A. 目视管理记录表每月综合 1 次（至少）

B. 安全活动、培训记录表每月 1 次（至少）

C. 班前 / 后会记录表每月 1 次（至少）

D. KYT 活动记录每天即时

94. 环境危险源根源是指具有能量或产生释放能量的（ ）。

A. 物理实体 B. 车间

C. 班组 D. 岗位

95. 企业针对风险类别和等级，将风险点逐一明确管控层级分为（ ）。

A. 公司、车间、班组、岗位 B. 车间、班组、岗位

C. 班组、岗位 D. 岗位

96. 班组安全工器具由（ ）负责管理。

A. 班组长 B. 班组安全员

C. 班组技术员

97.（ ）是安全生产最基层的组织者和管理者，是现场安全管理的第一责任人。

A. 安全管理人员 B. 区队长

C. 班组长 D. 矿工

98. 下列关于班组长安全管理职能的说法，不正确的是（ ）。

A. 贯彻“安全第一，预防为主”的方针

B. 要坚持以人为本的原则

C. 班组长应具备一定的设备操作及应急知识和技能

D. 新调动岗位的员工的安全教育培训工作，不属于班组长的职责范围

99. 下列不属于动态的管理制度类台账的是（ ）。

A. 主要作业内容及危险因素一览表

B. 危险源（点）监控记录

C. 班组自主点检记录

D. 安全考核记录

100. 使用单位必须指定专人负责特种设备的安全管理工作。安全管理人员应掌握相关的安全技术知识，熟悉有关特种设备的法规和（ ）。

A. 机械操作　　B. 维修

C. 保养　　D. 技术标准

101. 防洪期间巡查、看守人员一旦发现山体滑坡、泥石流等险情，必须立即采取（ ），并立即报告两端车站值班员或列车调度员，宁可错拦、不可错放。

A. 果断措施　　B. 有效措施

C. 保障措施　　D. 保护措施

102.《安全生产法》规定安全生产第一责任者的主要责任有（ ）。

A. 填写事故报告　　B. 组织安全网会

C. 保证本单位安全生产投入

103. 安全生产监督体系的职责有（ ）。

A. 对事故、障碍进行调查分析

B. 及时发现隐蔽的设备缺陷和异常

C. 保证生产指挥通畅

104. 危险源根源是指具有（　）或产生、释放能量的物理实体。

A. 能量　　B. 车间

C. 班组　　D. 岗位

105.《安全生产法》规定：生产经营单位委托条款规定的提供安全生产技术、管理服务的机构，保证安全生产的责任仍由（　）负责。

A. 委托机构　　B. 安全生产监管部门

C. 本单位

106. 为实现机械对人体的安全，应优先采用（　）。

A. 联锁装置　　B. 安全装置

C. 本质安全

107. 整理是指区分必需品与非必需品，再对（　）加以处理。

A. 必需品　　B. 非必需品

C. 必需品与非必需品

108. 雷电天气无（　）的桩机，应停止作业。

A. 缆风绳　　B. 避雨棚

C. 避雷装置　　D. 保险装置

109. 安全工具外壳上应有漆写清楚的（　）标签。

A. 编号　　B. 定期检验合格

C. 编号、定期检验合格

110. 下列安全标志牌注意事项中，描述不正确的是（　）。

A. 标志牌应设在与安全有关的醒目地方，并使大家看见后，有足够的时间来注意它所表示的内容

B. 环境信息标志应设在有关场所的入口处和醒目处

C. 标志牌可设在门、窗、架等可移动的物体上

D. 局部信息标志应设在所涉及的相应危险地点或设备（部件）附近的醒目处

111. 施工现场发生火情时，应先切断电源，再使用砂土或二氧化碳、“1211”、干粉灭火器灭火。（　）使用水或泡沫灭火器进行灭火，以防止触电。

A. 可以　　B. 不宜

C. 不得　　D. 视情况而定

112. 戴上自救器后，如果吸气时感到干燥且不舒服（　）。

A. 脱掉口具吸口气　　B. 摘掉鼻夹吸气

C. 不可从事 A 项或 B 项

113. 公安消防队扑救火灾（　）。

A. 只收灭火器材药剂耗损费　B. 收取人工费用

C. 不收取任何费用　　D. 以上都不是

114. 班组长在安全生产上的职责是：贯彻执行本单位对安全生产

的规定和要求，督促本班组的工人遵守有关安全生产的规章制度和安全操作规程，切实做到（ ）。

A. 尽职尽责，措施完善

B. 班前班后检查、评比

C. 不违章指挥，不违章作业，遵守劳动纪律

D. 事事有人管

115. 一般车间班组自查（ ）。

A. 要慎重打分 B. 要求打分

C. 不要求打分 D. 还是打分为好

116. 工作现场有一工具近半年才用上一次，合理的处理方式是（ ）。

A. 放置于工作台面 B. 工作现场

C. 仓库储存 D. 变卖

117. 预控危险点的行动指南是（ ）。

A. 安全规程 B. 规章制度

C. 操作规程 D. 运行规程

118. 电力行业“两票”不包括（ ）。

A. 施工作业票 B. 工作票

C. 操作票

119. 进行心脏复苏时，病人的正确体位应为（ ）。

A. 仰卧位 B. 俯卧位

C. 侧卧位

120. 某机械厂机加工车间车工甲，1 年半前调整到该厂浇铸车间从事浇铸工作，现又调回机加工车间做车工。甲应重新接受（ ）安全生产教育培训。

A. 厂级、车间级　　B. 车间级、班组级

C. 厂级、班组级　　D. 厂级、车间级、班组级

121. 盲板抽堵作业时，高压盲板使用前应经过（ ），并符合 JB/T 450 的要求方可使用。

A.X 射线探伤　　B. γ 射线探伤

C. 超声波探伤　　D. 专业检查

122. 班组安全教育工作由（ ）负责，纳入车间教育计划。

A. 班组长　　B. 班组职教员

C. 车间职教员　　D. 工位小组长

123. 作为班组长，就是要努力让班组的（ ）与自己一道去努力实现班组安全管理的目标。

A. 个别人　　B. 骨干

C. 成员　　D. 家属

124.《安全生产法》规定：生产经营单位的主要负责人对生产安全事故不得（ ）。

A. 隐瞒不报　　B. 谎报

C. 迟报　　D. 以上都是

125. 临时工上岗的条件为（　）。

A. 受过初等教育　B. 受过安全教育并合格

C. 持有特种作业证书

126. 特种作业人员经过（　）合格，取得操作许可证者，方可上岗。

A. 专业技术培训　B. 文化考试

C. 初中以上文化考试　D. 高中以上文化考试

127. 抢救烧伤人员时，不应把创伤面的水疱弄破，是为了避免（　）。

A. 身体着凉　B. 扩大影响

C. 创面污染　D. 以上都不是

128. 工业生产中，酒精的危害表现为（　）。

A. 易燃性　B. 助燃性

C. 刺激性　D. 以上都不是

129. 楼内失火应（　）。

A. 在现场等待救援　B. 乘坐电梯逃离

C. 从疏散通道逃离　D. 去看看是什么物质着火了

130. 应急预案编制中的危险分析不包括（　）。

A. 危险辨识　B. 灾害后果评价

C. 脆弱性分析　D. 风险分析

131. 事故隐患是指生产系统中可导致事故发生的人的（　）行

为、物的不安全状态和管理上的缺陷。

A. 违章　　B. 不安全

C. 错误　　D. 失误

132. 当打开房门闻到煤气气味时应该（　）。

A. 打开煤气灶具查找漏气部位

B. 打开灯查找漏气部位

C. 打开门窗

D. 以上都不是

133. 在高温环境中，毒物作用一般比在常温条件下（　）。

A. 小　　B. 不变

C. 大　　D. 不确定

134. 维修电工在操作中，特别要注意（　）问题。

A. 戴好安全防护用品

B. 安全事故的防范

C. 带电作业安全文明生产行为

D. 防触电技术规范

135. 胸外伤后，出现胸壁软化，是因为（　）。

A. 单根肋骨单处骨折　　B. 相邻多根肋骨多处骨折

C. 单根肋骨多处骨折

136. 生产经营单位必须执行依法制定的保障安全生产的（　）。

A. 行业标准　　B. 国家标准或者行业标准

C. 地方标准　　D. 单位标准

137. 三线电缆中的红色线是（　）。

A. 零线　　B. 火线

C. 地线

138. 容易发生人员伤亡事故，对操作者本人、他人及周围设施的安全有重大危害的作业是指（　）。

A. 危害作业　　B. 特种作业

C. 登高作业　　D. 封闭作业

139. 关于应急预案，说法错误的是（　）。

A. 定期开展全面演习、功能演习、桌面演习

B. 演习周期应在预案中明确

C. 电力企业应急预案相对独立，不用与地方应急救援预案相衔接

140. 车间引起电气火灾和爆炸的最常见的原因是（　）。

A. 电流

B. 电压

C. 电流的热量和电火花或电弧

D. 电阻

141. 电力行业工作票签发不允许使用（　）方式签名。

A. 手工　　B. 盖章

C. 电子签名

142. 用（ ）输送混凝土，管道接头、安全阀必须完好。

A. 输送泵　B. 小车

C. 吊车　D. 挖掘机

143. 应急救援后续工作内容不包括（ ）。

A. 总结和评估　B. 科普宣教

C. 定期进行全面检查　D. 表彰奖励与处罚

144. 关于定置管理的说法，正确的是（ ）。

A. 定置管理就是把物品进行归堆

B. 使生产过程中的人、物、场所三者在时间、空间上优化组合

C. 定置管理从优化生产系统出发

D. 定置管理是整理阶段常用的管理方法

145. 责任事故指由于工作人员的违章和（ ）行为而造成的事故。

A. 离岗　B. 违规

C. 渎职

146. 以科技化方式提升应急管理水平的内容不包括（ ）。

A. 火灾报警系统　B. 视频监控系统

C. 短信报警系统　D. 电能量计量系统

147. 钢丝绳在破断前一般有（ ）预兆，易于检查、便于预防事故。

A. 表面光亮　　B. 生锈

C. 断丝、断股　　D. 以上都不是

148. 是否知道每一步操作可能出现的失误、故障及其后果，是否掌握了防止失误和故障的方法以及万一出现失误和故障的对策，是安全文化建设的（　）之一。

A. 方法　　B. 作用

C. 对策　　D. 内容

149. 在室内听到外面发生火灾的报警后，如感觉房门发热，正确的做法是（　）。

A. 迅速打开房门，快速冲出逃生

B. 尽量用衣物等封堵门缝，设法从窗户逃生或等待救援

C. 躲藏到壁橱中以避烟气

D. 打开房门和窗户等待救援

150. 班组长支持班组安全员履行自己的职责，对本班组发生异常、障碍、未遂及事故要认真按“（　）”原则处理。

A. 三不放过　　B. 四不放过

C. 二不放过

151. 每天都要使用的物品的存放地点是（　）。

A. 工作台上　　B. 工作台附近

C. 二级库存放　　D. 班长个人工具箱内

152. 依据《安全生产法》的规定，生产经营单位未在有较大危险

因素的生产经营场所和有关设施设备上设置明显的安全警示标志的，责令限期改正，可以处 5 万元以下的罚款，逾期未改正的处（ ）的罚款。

A. 5 万元以上 20 万元以下

B. 50 万元以上 100 万元以下

C. 2 万元以上 10 万元以下

D. 10 万元以上 20 万元以下

153. 扑救电气火灾应使用（ ）进行灭火。

A. 水　　B. 泡沫灭火器

C. 二氧化碳或干粉灭火器　　D. 以上几种都可以

154. 国家实行生产安全事故责任追究制度，依法追究事故责任人员的（ ）。

A. 行政责任　　B. 刑事责任

C. 法律责任　　D. 民事责任

155. 实现“企业控制重伤和事故，车间控制轻伤和障碍，班组控制（ ）和未遂”的安全生产目标三级控制。

A. 正常　　B. 异常

C. 反常

156. 夜间装卸易燃易爆物品时，不准使用明火灯具，应该使用（ ）灯具。

A. 防风　　B. 防水

C. 防爆

157. 个体防尘要求作业人员佩戴（ ）和防尘安全帽。

A. 防尘眼镜 B. 防尘口罩

C. 防尘耳塞 D. 防尘外套

158. 压力容器要根据生产工艺条件及介质的特性等因素，安装必要的安全附件。常用的安全附件有安全阀、爆破片、（ ）、液面计和测温仪表等。

A. 压力表 B. 安全罩

C. 防护网

159. 架梁作业中，架桥机各支腿保险销安装、拆除应经（ ）。

A. 安全员检查 B. 司机检查

C. 防护员检查 D. 双人互检

160. 易燃易爆场所不能穿（ ）。

A. 纯棉工作服 B. 化纤工作服

C. 防静电工作服 D. 以上都不是

161.（ ）不是春季安全检查的重点。

A. 防雷 B. 防潮

C. 防小动物

162. 班组安全和健康管理不一定能给企业带来的好处有（ ）。

A. 防止伤害员工

B. 防止破坏生产率

C. 防止给企业带来更大的损失

D. 防止劣质产品的生产

163. 针对保护用具的必要性，下列说法错误的是（   ）。

A. 在作业中使身体与危险源分离

B. 防止环境的不足造成疾病

C. 防止环境的不足造成灾害

D. 在作业中使身体更舒适

164. 整理的流程中最为重要的步骤就是（   ）。

A. “要与不要”的基准　　B. “场所”的基准

C. 废弃处理的原则

165.（   ）不属于隔风设施。

A. 临时风门　　B. 临时密闭

C. 风硐　　D. 永久风墙

166. 安全措施的失控状态就是（   ）。

A. 隐患　　B. 事故

C. 风险　　D. 危险源

167. 风险与事故发生的可能性、严重性的关系是（   ）。

A. 风险 = 可能性 − 严重性

B. 风险 = 可能性 + 严重性

C. 风险 = 可能性 × 严重性

D. 风险 = 可能性 ÷ 严重性

168.（ ）不是应急预案和现场处置方案的编制程序。

A. 请示领导 B. 成立小组

C. 风险分析 D. 资料收集

169.（ ）不属于风险管理中事前预控过程内容。

A. 危险源辨识 B. 危险源分级分类

C. 风险预控 D. 事故调查

170. 在防暑降温的措施中属于组织措施的是（ ）。

A. 供应清凉饮料

B. 采取隔热措施

C. 改善通风条件

D. 合理安排作息时间，避免加班

171. 油料火灾不宜用（ ）灭火。

A. 水 B. 沙子

C. 干粉

172. 目前在手提式灭火器和固定式灭火系统中，广泛应用的灭火剂是（ ）。

A. 水灭火剂 B. 干冰灭火剂

C. 干粉灭火剂 D. 泡沫灭火剂

173. 班组安全管理规范化，主要是建立规范化的班组安全管理运行机制，制定和完善各种安全生产管理制度和（ ）。

A. 安全技术规范 B. 操作规程

C. 岗位标准　　D. 以上都是

174. 以下叙述中（　）不属于构成危机决策要素。

A. 突然性、集聚性和高度威胁性

B. 非常有限的可利用的时间和信息等各种应急资源

C. 高度的不确定性

D. 需要常规的程序和方法对事件进行约束

175. 复印机会产生（　）等有害物质。

A. 高噪声　　B. 有害气体

C. 高频电磁波　　D. 以上都不是

176. 发生火灾后，正确报火警的方式是（　）。

A. 讲清着火单位、详细地址、着火物质及火势大小

B. 讲清着火单位、详细地址、着火物质及火势大小，是否有人被困，留下报警人姓名及联系方式

C. 告知着火方位后迅速挂断电话，返回火场

D. 离开现场

177. 控制噪声传播反射的技术措施有多种，下列不是相关措施的是（　）。

A. 吸声　　B. 戴耳塞

C. 隔振　　D. 消声

178.（　）不是安全自主管理的个体特征。

A. 各级员工有较高的安全承诺与意愿

B. 设备本质安全（关键设备状态完好）

C. 各级员工有完整的安全知识和技能

D. 各级员工有良好的自我保护习惯

179. 用灭火器灭火时，灭火器的喷射口应该对准火焰的（　　）。

A. 上部　　B. 下部

C. 根部　　D. 以上都不是

180. 下列作业属于外部作业的是（　　）。

A. 首件试加工　　B. 领取作业指导书

C. 更换刀具　　D. 调整夹具

181. 职业卫生法律、法规和标准的制定部门是（　　）。

A. 卫生部门　　B. 安全监察部门

C. 工会部门　　D. 应急部门

182.（　　）不是承包商的资质审查内容。

A. 法人代表资格　　B. 工人技术素质

C. 工人工伤保险

183. 安全教育中的专业安全技术知识教育是指对某一工种进行必须具备的专业安全技术知识教育，不含（　　）知识教育。

A. 锅炉、起重机械　　B. 防暑降温

C. 工业防尘防毒　　D. 生产技术

184. 整理阶段是如何对物品进行（　　）的分类。

A. 生活用品与劳保用品　　B. 必需物品与非必需物品

C. 工装夹具与模具　　　D. 合格品与不合格品

185. 标准卡应在工作开工前由（　）编制完成。

A. 工作票许可人　　　B. 工作票签发人

C. 工作负责人　　　D. 班组长

186. 电力行业工作许可人对工作票所列内容即使发生很小疑问，也应向（　）询问清楚，必要时应要求作详细补充。

A. 工作负责人　　　B. 工作票填写人

C. 工作票签发人

187. GB/T 19001—2008 标准中的 6.4 “工作环境” 可以包括（　）。

A. 工作场所的温湿度　　　B. 半成品库通风和防潮条件

C. 工作区域布置的合理性　　　D. 以上都是

188. 企业必须建立健全各级领导安全生产责任制、职能机构安全生产责任制、（　）安全生产责任制。

A. 领导干部　　　B. 岗位人员

C. 工作人员　　　D. 作业人员

189. 工作期间，工作负责人若因故必须离开工作地点时，应指定能胜任的人员临时代替，离开前应将（　）交代清楚，并告知工作班人员。

A. 安全措施　　　B. 工作任务

C. 工作现场

190.（　）不是工伤事故。

A. 上班途中受到机动车伤害

B. 加班的时候走路跌伤

C. 工作中违反操作规程受伤

D. 在家中切菜伤手

191. 必需品的含义是（　）。

A. 公司高级领导买回来的物品

B. 经常使用的物品，没有就会影响正常工作的物品

C. 公司内昂贵的物品

192. 班组安全教育的任务之一是（　）班组成员的安全生产技能，增强事故预防和应急处理能力。

A. 完善　　B. 提高

C. 巩固　　D. 降低

193. 生产性毒物的形态常以固体、液体、气体存在于生产环境中，下列属于气体的是（　）。

A. 喷漆　　B. 电焊烟

C. 汞　　D. 光气

194. 下列选项中不属于班组长权限的是（　）。

A. 员工调配权　　B. 本班组的绝对指挥和管理权

C. 购买设备权　　D. 合理化建议权

195. 有一物体扎入人员的身体中，此时救助者应（　）。

A. 拔出扎入的物体

B. 拔出扎入的物体实施加压包扎

C. 固定扎入的物体后送往医院

196. 针对单一问题进行原因分析，分层不超过四层的情况下，应采用（　）。

A. 因果图　　B. 系统图

C. 关联图　　D. 柱状图

197. 班组安全管理工作目标中明确指出：班组成员的标准化操作应当形成（　）。

A. 意识　　B. 习惯

C. 观点　　D. 标准

198. 安全作业的根本目的是保护职工的安全与（　）。

A. 生命　　B. 健康

C. 管理　　D. 医疗

199. 班组安全（　）的内容主要是“四查”：一查思想，二查制度，三查纪律，四查隐患。

A. 检查　　B. 作业

C. 管理　　D. 提高

200. 根据安全生产概念和工作要求，对于生产经营单位，安全生产需要保护的第一对象是（　）。

A. 设备　　B. 从业人员

C. 管理人员　　　　　　　D. 技术人员

201. “安全第一”就是要始终把安全放在首要位置，优先考虑从业人员和其他人员的安全，实行（　）的原则。

A. 以人为本　　　　　　　B. 安全优先

C. 管生产必须管安全　　　D. 预防为主

202. 应急预案的评估修订是指应急预案编制单位应当建立定期评估制度，分析评价预案内容的针对性、（　）和可操作性，实现应急预案的动态优化和科学规范管理。

A. 简单性　　　　　　　　B. 实用性

C. 规范性　　　　　　　　D. 科学性

203. 施工单位应建立健全安全生产（　）制度和安全生产（　）制度。

A. 规章，教育　　　　　　B. 责任，操作

C. 规章，操作　　　　　　D. 责任，教育

204. 依照《安全生产法》规定，对全国建设工程安全生产工作实施综合监督管理的部门是（　）。

A. 国务院　　　　　　　　B. 国务院建设行政主管部门

C. 国家安全监督管理部门　D. 各部委

205. 班组使用化学品时，应在使用位置和储存位置设置目视MSDS（化学品安全技术说明书）资料，以便了解其（　）。

A. 性质、毒害及污染程序　B. 使用说明书

C. 合格证　　　　　　　　D. 以上都不是

206. 国家标准（GB 2893—82）中规定的四种安全色是（　）。

A. 红、蓝、黄、绿　　　　B. 红、蓝、黑、绿

C. 红、青、黄、绿　　　　D. 白、蓝、黄、绿

207. 作业现场管理人员戴（　）的安全帽。

A. 白色　　　　　　　　B. 蓝色

C. 红色　　　　　　　　D. 黄色

208. 手推调车时，必须在车辆（　）进行，并注意脚下有无障碍物。

A. 一侧　　　　　　　　B. 两侧

C. 后方　　　　　　　　D. 两侧及后方

209. 工业毒物进入人体的途径有 3 个，即（　）。

A. 口、鼻、耳　　　　　B. 食物、衣服、水

C. 呼吸道、皮肤、消化道　D. 手

210. 根据《危险化学品安全管理条例》，生产、运输、使用、存储危险化学品或者处置废弃危险化学品，且危险化学品的数量等于或者超过临界量的单元（包括场所和设施），被称为（　）。

A. 危险源　　　　　　　B. 重大危险源

C. 化学品危险源

211. 安全就是不使（　）受到伤害、物体受到损伤或破坏。

A. 人体　　B. 产品

C. 环境　　D. 管理

212. 班组管理中所提到的安全生产一般不考虑（　）。

A. 人身安全　　B. 信息安全

C. 环境安全　　D. 设备安全

213.（　）是传递安全的提示性信息。

A. 红色　　B. 蓝色

C. 黄色　　D. 绿色

214.（　）是传递注意、警告的信息。

A. 红色　　B. 蓝色

C. 黄色　　D. 绿色

215. 手提式和推车式灭火器材的压力表针指在（　）区域则属于压力不足。

A. 红色　　B. 绿色

C. 黄色　　D. 以上都不是

216. 生产经营单位要教育从业人员按照防护品的使用规则和防护要求，对劳动保护用品做到“三会”，即（　）。

A. 会检查，会正确使用，会正确维护保养

B. 会验收，会正确使用，会检查

C. 会检查，会正确使用，会报废

D. 会正确使用，会正确维护保养，会报废

217. 使用水剂灭火器时，应射向（　　）位置才能有效将火扑灭。

A. 火源底部　　B. 火源中间

C. 火源顶部

218. 将（　　）、暴雨、化学品和油类大面积的泄漏造成的地区重大环境污染或人员伤亡确定为紧急状态。

A. 地震　　B. 自然灾害

C. 火灾、爆炸　　D. 洪水

219. 扑救火灾最有利的阶段是（　　）。

A. 火灾初起阶段　　B. 火灾发展阶段

C. 火灾猛烈燃烧阶段　　D. 各阶段随意

220.《安全生产法》规定：参与事故抢救的部门和单位应当服从（　　），加强协同联动，采取有效的应急救援措施，并根据事故救援的需要采取警戒、疏散等措施，防止事故扩大和次生灾害的发生，减少人员伤亡和财产损失。

A. 统一指挥　　B. 分级指挥

C. 集中指挥

221. 生产经营单位应当安排用于配备劳动防护用品、进行安全生产培训的（　　）。

A. 经费　　B. 规划

C. 计划

222. 为了满足企业今后发展的需要，在同行业保持一定技术或管理优势的培训属于（ ）。

A. 技能提高性培训　　B. 综合素质培训

C. 技能完善性培训　　D. 前瞻性培训

223. 未经培训的普通工人不允许安排成为替代技术工人，艺徒在没有老师傅带领下不允许安排其独立操作，是（ ）的安全职责。

A. 人事、劳资部门　　B. 安全专职机构

C. 技术部门　　D. 生产部门

224.《安全生产法》规定，未经（ ）合格的从业人员，不得上岗作业。

A. 基础知识教育　　B. 安全生产教育和培训

C. 技术培训　　D. 技能培训

225. 作业过程中若发现不安全因素应立即（ ），采取措施予以消除，对不能消除的应及时向领导汇报。

A. 停止作业　　B. 上报后继续作业

C. 继续作业　　D. 以上都不是

226.（ ）是提高职工安全技术素质的有效措施。

A. 加强安全教育和培训　　B. 实践锻炼

C. 加强批评　　D. 生产实践

227. 发生起重机挤伤事故的多为（ ）人员。

A. 司索　　B. 指挥

C. 驾驶　　D. 搬运

228. 按照新《安全生产法》的规定，国务院安全生产监督管理部门依照本法，对全国安全生产工作实施（　）。

A. 综合管理　　B. 综合监督管理

C. 监督管理

229.（　）不属于行为性危险、危害因素的分类。

A. 操作失误　　B. 指挥错误

C. 监护失误　　D. 站位错误

230. 化学品事故的应急处理，一般包括报警、紧急疏散、现场急救、（　）和人员控制等方面。

A. 发布新闻信息　　B. 溢出或泄漏处理

C. 减少噪声

231. “安全第一，预防为主，综合治理”是（　）都必须遵循的安全生产基本方针。

A. 各行各业　　B. 高危行业

C. 建筑企业　　D. 电力企业

232. 关于清扫的定义，下列说法正确的是（　）。

A. 将生产、工作、生活场所内的物品分类，并把不要的物品清理掉

B. 把有用的物品按规定分类摆放好，并做好适当的标识

C. 将生产、工作、生活场所打扫得干干净净

D. 对员工进行素质教育，要求员工有纪律观念

233. 下面属于氧气呼吸器正确使用方法的是（　）。

A. 将旋阀上提，戴上面罩

B. 将旋阀上提，顺时针旋转一圈，按几次手动补给，以排除器内废气，正确系好腰带、背带，戴上面罩

C. 将旋阀上提，逆时针旋转一圈，按几次手动补给，以排除器内废气，正确系好腰带、背带，戴上面罩

D. 以上都不是

234.《安全生产法》规定，对生产经营单位有关人员的安全生产违法行为设定的法律责任分别处以（　）的行政处罚；构成犯罪的，依法追究刑事责任。

A. 降职、撤职、罚款、拘留

B. 降职、罚款、拘役、拘留

C. 降职、撤职、拘役、拘留

D. 罚款、撤职、拘役、拘留

235. 使用振动棒应穿（　），湿手不得接触开关。

A. 皮鞋　　B. 布鞋

C. 胶鞋　　D. 铆钉鞋

236. 雷雨天气需要巡视室外高压设备时，应穿（　），并不得靠近避雷器和避雷针。

A. 绝缘靴　　B. 导电靴

C. 胶靴　　D. 防水靴

237. 火灾初起阶段是扑救火灾（　　）的阶段。

A. 最不利　　B. 最有利

C. 较不利

238.（　　）事故，是指造成 3 人以上 10 人以下死亡，或者 10 人以上 50 人以下重伤，或者 1000 万元以上 5000 万元以下直接经济损失的事故。

A. 特别重大　　B. 重大

C. 较大　　D. 一般

239.（　　）事故，是指造成 3 人以下死亡，或者 10 人以下重伤，或者 1000 万元以下直接经济损失的事故。

A. 特别重大　　B. 重大

C. 较大　　D. 一般

240. 爆炸极限的范围越宽、爆炸下限越低，爆炸危险性（　　）。

A. 越大　　B. 越小

C. 较大　　D. 以上都不是

241.（　　）不是安全监督人员的义务。

A. 保守事故秘密

B. 保守业务部门技术秘密

C. 解释所指出违章行为的理由

242. 发现泄漏时，（　　）向上司报告。

A. 不必　　　　B. 马上

C. 进行处理后

243. 安全标志分为四类，它们分别是（　）。

A. 通行标志、禁止通行标志、提示标志和警告标志

B. 禁止标志、警告标志、命令标志和提示标志

C. 禁止标志、警告标志、通行标志和提示标志

D. 禁止标志、警告标志、命令标志和通行标志

244. 现场急救应优先转运（　）。

A. 已死亡的病人

B. 伤情严重但救治及时可以存活的伤员

C. 经救护后伤情已基本稳定的伤员

245. 参与事故抢救的部门和单位应当服从统一指挥，加强协同联动，采取有效的应急救援措施，并根据事故救援的需要采取（　）等措施，防止事故扩大和次生灾害的发生，减少人员伤亡和财产损失。

A. 医疗、疏散　　　　B. 警戒、疏散

C. 警戒、救护　　　　D. 疏散、救护

246. 应急预案应建立在（　）上。

A. 自然灾害　　　　B. 重特大事故

C. 救援计划　　　　D. 综合防灾规划

247. 肢体离断发生时患者常剧烈疼痛、（　）、精神紧张，处理不

及时可引起休克、肢体失活。

A. 大量失血　　B. 少量失血

C. 局部失血

248. 班组长的工作重点在于（　　），即坚决贯彻上级的指示命令，辅助上级做好工作。

A. 具体实施　　B. 具体帮助

C. 具体监督　　D. 具体教育

249. 进行电焊、气焊等具有火灾危险的作业人员和自动消防系统的操作人员，必须（　　）。

A. 满 16 周岁

B. 持证上岗

C. 具有相应学历

D. 无妨碍从事本工种作业的疾病

250. 电力安全工器具不包括（　　）。

A. 登高用具　　B. 近电报警器

C. 绝缘操作杆

251. 用人单位对在职业健康检查中发现有与所从事的职业相关的健康损害的劳动者，应当从原岗位（　　）。

A. 继续工作　　B. 调离

C. 开除　　D. 解聘

252. 当发现有人触电时，首先要（　　）电源或用绝缘材料将带电体与触电者分离开。

A. 闭合　　B. 切断

C. 开关

253.《安全生产法》规定：事故调查处理应当按照（　）的原则，及时、准确地查清事故原因，查明事故性质和责任，总结事故教训，提出整改措施，并对事故责任者提出处理意见。

A. 以人为本、依法依规、实事求是、注重实效

B. 科学严谨、依法依规、实事求是、注重实效

C. 科学严谨、依法依规、实事求是、以人为本

254. 应急专家的职责包括提供决策建议、专业咨询、理论指导和（　）。

A. 启动应急预案　　B. 全面调查研究

C. 科学制定决策　　D. 技术支持

255. 以下选项中（　）属于危机决策典型特征。

A. 人力资源比较充分　　B. 技术手段比较成熟

C. 可控、可调、可预期　　D. 时间紧迫，即时决策

256.《安全生产法》规定：生产经营单位必须对安全设备进行（　）维护、保养，并定期检测，保证正常运转。

A. 经常性　　B. 持续性

C. 可行性

257. 生产经营单位（　）与从业人员订立协议，免除或者减轻其

对从业人员因生产安全事故伤亡依法应承担的责任。

A. 可以　　B. 不得以任何形式

C. 可以有条件　　D. 视情况而定是否

258. 从业人员有权（　）违章指挥和强令冒险作业。

A. 批评　　B. 检举

C. 控告　　D. 拒绝

259. 从业人员有权对本单位安全生产工作存在的问题提出批评、检举、（　）。

A. 建议　　B. 商谈

C. 控告　　D. 以上都不是

260. 事故应急响应的基本任务主要有（　），抢救受害人，指导群众防护，组织群众撤离，清理现场，消除危害后果。

A. 辨识危险源　　B. 消除危险源

C. 控制危险源　　D. 监测危险源

261. 安全是指排除来自自身周围的（　），使自身能安心地工作。

A. 危险　　B. 陷阱

C. 困难　　D. 违章

262. 长期逐渐养成的，并且一时不容易改变的行为心理是（　）。

A. 习惯心理　　B. 自信心理

C. 懒惰心理　　D. 随意心理

263. 从业人员在作业过程中，应当严格遵守本单位的安全生产规章和操作规程，服从管理，正确佩戴和使用（　）。

A. 安全卫生设施　　B. 劳动防护用品

C. 劳动防护工具　　D. 以上都不是

264. 用灭火器进行灭火的最佳位置是（　）。

A. 下风位置

B. 上风或侧风位置

C. 离起火点 10 米以上的位置

D. 离起火点 10 米以下的位置

265. 新工人的三级安全教育是指（　）、车间教育和班组教育。

A. 启蒙教育　　B. 厂级教育

C. 礼仪教育　　D. 以上都不是

266. 生产经营单位发生生产安全事故后，事故现场有关人员应当（　）报告本单位负责人。

A. 及时　　B. 按时

C. 立即　　D. 准时

267. 在作业过程中发现安全隐患应该（　）。

A. 自己马上处理　　B. 与自己无关、不管

C. 立即报告管理人员　　D. 以上都不是

268. 某矿井下发生受伤事故，有伤员骨折，作为救护抢险人员到现场抢救时，应该（　）处理。

A. 先进行骨折固定再送医院

B. 立即进井上医院

C. 立即报告矿调度室

269. 有人触电导致呼吸停止、心脏停搏，此时在场人员应（　）。

A. 迅速将伤员送往医院

B. 迅速做心肺复苏

C. 立即拨打急救电话，等待急救人员赶到

270. 对脊椎骨折的病人，搬运时应采用（　）搬运。

A. 硬板担架

B. 单人肩负法

C. 两个人一人抬头，一人抱脚的方法

271. 当可燃物中充入氮气后，其爆炸极限范围变（　）。

A. 大　　B. 小

C. 两者都有可能　　D. 不能确定

272. 危险点演变成现实事故的四个阶段中，（　）是潜在的危险点逐步扩大的过程。

A. 潜伏阶段　　B. 渐进阶段

C. 临界阶段　　D. 突变阶段

273. “四措”是保证安全的（　）措施。

A. 技术　　B. 防护

C. 临时　　D. 组织

274. 生产部门负责标准化作业（　）的推广应用。

A. 阶段　　B. 全过程

C. 临时

275. 三线电缆中蓝色线是（　）。

A. 火线　　B. 地线

C. 零线　　D. 保险线

276. 企业要针对各个风险点制定隐患排查治理制度标准和（　）。

A. 考核依据　　B. 清单

C. 领导带班　　D. 风险分级

277. 过滤式自救器的主要作用是过滤（　）气体。

A. 一氧化碳　　B. 二氧化碳

C. 硫化氢　　D. 所有气体

278. 可能导致锅炉爆炸的主要原因是（　）。

A. 24 小时不停地使用　　B. 锅炉炉水长期处理不当

C. 炉渣过多

279.（　）不属于现场抢修作业保障内容。

A. 配置安全监督人员

B. 配置专职安全员

C. 落实现场抢修安全保护措施

D. 应急人员技能水平达不到要求

280. 关于事故抢修时的安全要求，下列不正确的是（　）。

A. 须做好安全措施后开始工作

B. 应指定专人负责监护

C. 履行工作票许可手续

281. “多一事不如少一事”，对隐患熟视无睹，听之任之，是“三违”者的（ ）。

A. 逆反心理 B. 失落心理

C. 麻痹心理 D. 懒惰心理

282. 指压止血法是指抢救者用手指把出血部位近端的（ ）压在骨骼上，使血管闭塞、血流中断而达到止血目的。

A. 静脉血管 B. 动脉血管

C. 毛细血管 D. 以上都不是

283. 在操作旋转的机床时，不能佩戴的劳动保护用品是（ ）。

A. 手套 B. 防护眼镜

C. 帽子 D. 安全鞋

284. 大面积停电、自然灾害、人身、设备等专项预案（ ）开展演练。

A. 每月至少 1 次 B. 每季度至少 1 次

C. 每半年至少 1 次 D. 每年至少 1 次

285. 施工现场必须严格执行安全技术交底制度。（ ）作业前，都要进行安全技术交底。

A. 每道工序 B. 每检验批

C. 每分部工程 D. 每天首次

286. 各单位（ ）应定期检查和督促安全性评价部门整改计划完成情况。

A. 每周　　B. 每月

C. 每季度　　D. 每年

287. 整理（ ）都得做。

A. 每月　　B. 每周

C. 每天

288. 正常运行中的锅炉，应（ ），发现安全隐患，及时维修。

A. 全天候巡视　　B. 定期巡视

C. 每周巡视　　D. 每月巡视

289. 世界上最早提出“安全第一”口号的是1906年（ ）U.S. 轧钢厂厂长格里先生。

A. 英国　　B. 德国

C. 美国　　D. 日本

290. 依据《安全生产法》规定，生产经营单位的工会依法组织职工参加本单位安全生产工作的（ ），维护职工在安全生产方面的合法权益。

A. 民主管理和民主监督　　B. 民主管理和民主决策

C. 民主决策和民主监督　　D. 经营管理和经营监督

291. 事故调查的主要任务不包括（ ）。

A. 查清事故经过　　B. 找出事故原因

C. 明确经济处罚　　D. 分清事故责任

292.（　）不是规章制度的主要作用。

A. 明确人员职责　　B. 处罚违章违纪

C. 明确作业内容和流程

293. 关于特性要因图，以下说法中不正确的是（　）。

A. 大骨相互独立

B. 大骨的数以 4~8 个为好

C. 末端的骨是真正原因

D. 真因按照大骨→中骨→小骨的顺序系统化地查找

294. 对（　）人员进行紧急救护时不能进行人工呼吸。

A. 有毒气体中毒　　B. 触电假死

C. 溺水　　D. 以上都不是

295. 俯卧压背人工呼吸法用于对（　）人员的急救较为适合。

A. 中毒　　B. 缺氧窒息

C. 溺水

296. 下列不属于静态的管理制度类台账的是（　）。

A. 班组人员基本情况表

B. 安全活动（会议）记录

C. 年度安全工作目标及工作计划

D. 安全承诺书

297.（　）灭火器不适用于扑灭电器火灾。

A. 二氧化碳　　B. 干粉

C. 泡沫

298. 班组应急预备的目标是（　）。

A. 培养安全意识

B. 保持应急救援所需的应急能力

C. 培养安全文化

D. 落实安全生产责任

299. 一旦发现有人晕倒在有限或密闭容器内，下面最适合的急救方法是（　）。

A. 第一时间跳下去，把中毒者背上来

B. 腰间系上绳子，第一时间跳下去，把中毒者拉上来

C. 佩戴防毒面具或空气呼吸器，在有人监护的情况下施救

D. 以上都不是

300. 灭火的基本方法有四种，即冷却法、（　）、窒息法和抑制法。

A. 灭火器法　　B. 隔离法

C. 喷水法　　D. 冷处理法

301. 有毒物进入人体的途径有呼吸道、消化道、（　）等三种。

A. 血液　　B. 唾液

C. 皮肤　　D. 口腔

302. 发生火灾逃生时，经过充满浓烟的路线应该（　）。

A. 用口罩、毛巾捂鼻或迅速撤离

B. 加速奔跑撤离

C. 屏住呼吸冲过烟雾区

D. 以上都不是

303. 任何人发现火灾时都应当立即（ ），严禁（ ）。

A. 自行扑救，谎报火警　　B. 扑救，误报火警

C. 扑救，缓报火警　　D. 报警，谎报火警

304.《职业病防治法》所称职业病，是指（ ）的劳动者在职业活动中，因接触粉尘放射性物质和其他有毒有害因素而引起的疾病。

A. 企业、事业单位

B. 企业、事业单位和个体经济组织

C. 企业、政府单位

D. 企业、政府单位和事业单位

305. 依据《安全生产法》规定，生产经营单位的工会依法组织职工参加本单位安全生产工作的民主管理和民主监督，维护职工在（ ）的合法权益。

A. 安全生产方面　　B. 民主管理和民主决策

C. 民主决策和民主监督　　D. 经营管理和经营监督

306. 安全生产规章制度的建设，其核心就是（ ）。

A. 企业员工培训

B. 安全体系建设

C. 企业安全文化建设

D. 危险有害因素的辨识和控制

307. 发生事故时，首先要及时抢救（　　），正确处置，防止事故扩大。

A. 国家财产　　B. 负伤人员

C. 企业财产　　D. 社会财产

308. 电话报火警时要讲清楚起火单位、（　　）、着火情况、着火物品、有无爆炸危险、是否有人被困及报警用的电话号码和报警人的姓名等。

A. 火警地址　　B. 法人代表

C. 企业规模

309. 下列说法错误的是（　　）。

A. 企业应绘制消防系统图

B. 消防水系统要有可靠的备用电源

C. 企业应组成二级消防网络和义务消防队

310. 在进行现场作业环境管理时，要确认作业地点地面和空间是否有障碍物，（　　）是否有安全的工作位置。

A. 吊运、司索指挥人员　　B. 设备吊装时

C. 起重机械　　D. 吊车

311. 现场急救的关键在于（　　）。

A. 人员　　B. 方法

C. 器材　　D. 及时

312. 晕厥是因为多种原因所致突发性、(　　)、一过性的意识丧失而昏倒。

A. 短暂性　　B. 长期性

C. 强迫性

313. 应急救援队伍的职责是：最快速度到达现场，(　　)，提出应急处置建议，开展先期应急处置。

A. 认真检查设备信息　　B. 及时反馈现场信息

C. 抢救员工生命　　D. 提供应急供电保障

314. 生产经营单位的从业人员有权了解其作业场所和工作岗位存在的危险因素、防范措施及事故（　　）措施。

A. 救援　　B. 应急

C. 抢险　　D. 管理

315. 人员死亡或重大设备损坏是属于危险点（　　）等级。

A. 恶性的　　B. 严重的

C. 轻度的　　D. 隐性的

316.（　　）的作用是培养具有良好习惯、遵守规则的员工；提高员工文明礼貌水准；营造企业文化。

A. 整理　　B. 整顿

C. 清洁　　D. 素养

317. 区分工作场所内的物品为“要的”和“不要的”是属于5S的（　）。

A. 整理　　B. 整顿

C. 清洁　　D. 清扫

318.（　）要杜绝污染源，建立清扫基准，标准化。

A. 整理　　B. 整顿

C. 清扫　　D. 清洁

319. 在增加场地前，先要对场地进行（　）。

A. 整理　　B. 整顿

C. 清扫　　D. 清洁

320. 关于整理的定义，正确的是（　）。

A. 将所有的物品重新摆过

B. 将工作场所内的物品分类，并把不要的物品清理掉，将生产、工作、生活场所打扫得干干净净

C. 区别要与不要的东西，工作场所除了要用的东西以外，一切都不放置

D. 将物品分区摆放，同时做好相应的标识

321. 只有每个从业人员都认真履行自己在安全生产方面的（　），安全生产工作才有扎实的基础，才能落到实处。

A. 法定义务　　B. 权利

C. 权力

322. 从业人员依法获得劳动安全生产保障，是劳动者应享有的基本（　）。

A. 义务　　B. 公共安全

C. 权利　　D. 权力

323. 以下选项中（　）不属于危机管理要诀。

A. 及时　　B. 后期恢复

C. 全面　　D. 有效

324. 全面生产维护要求的参与人员是（　）。

A. 企业领导　　B. 设备维修人员

C. 全体员工　　D. 班组长

325. 依据《安全生产法》的规定，生产经营单位的从业人员有权了解其作业场所和工作岗位存在的（　）、防范措施及事故应急措施。

A. 劳动用工情况　　B. 安全技术措施

C. 全投入资金情况　　D. 危险因素

326. “三制”不包括（　）。

A. 巡回检查制　　B. 交接班制

C. 缺陷管理制

327. 处罚法定原则要求只在存在违反法定义务的行为，并且（　）对该行为应予处罚时，才能对其进行行政处罚。

A. 法律明确规定　　B. 领导集体决定

C. 群众要求　　D. 单位成员投票决定

328. 火灾蔓延的方式：热传导、(　　)。

A. 热对流　　B. 热交换

C. 热辐射　　D. 热积聚

329. 安全生产是指在生产活动过程中（　　）不受到危害，财产不受到损失。

A. 人的生命　　B. 人的生命健康

C. 人的健康　　D. 物的质量

330. 劳动保护简单地说就是保护劳动者在劳动过程中的（　　）。

A. 效益　　B. 安全与健康

C. 人格　　D. 标准

331. 如果触电者伤势严重，呼吸停止或心脏停止跳动，应竭力施行（　　）和胸外心脏按压。

A. 按摩　　B. 等待救护车

C. 人工呼吸　　D. 以上都不是

332. 做好危险点的预控工作，有可能使诱发事故的（　　）得以避免，把事故遏制在萌芽状态。

A. 环境因素　　B. 物的因素

C. 人为因素　　D. 设备因素

333. 安全管理中的指差确认适用于（　　）。

A. 路口　　B. 作业环境

C. 人行通道　　　　D. 机动通道

334. (　) 对事故隐患或者安全生产违法行为，均有权向负有安全生产监督管理职责的部门报告或者举报。

A. 单位领导和群众　　　　B. 安全管理人员和技术人员

C. 任何单位或者个人　　　　D. 班组长

335. 只有坚持班组（　）原则，才能对班组实行有效的管理。

A. 队组管理　　　　B. 安全管理

C. 日常管理

336. 季节性安全大检查每年必须至少开展（　）次。

A. 1　　　　B. 2

C. 3　　　　D. 4

337. 离开运行岗位（　）个月以上的值班人员，必须经过跟班实习和安规考试合格后方可再上岗工作。

A. 1　　　　B. 2

C. 3　　　　D. 4

338. 运行标准卡保存（　）。

A. 1 年　　　　B. 半年

C. 3 个月　　　　D. 6 个月

339. 对职业病的预防，必须贯彻（　）原则。

A. 一级预防　　　　B. 二级预防

C. 三级预防　　　　D. 四级预防

340. 对企业发生的事故，坚持（ ）原则进行处理。

A. 预防为主　　B. 四不放过

C. 三同时　　D. 以上都不是

341. 生产经营单位安全生产管理人员安全培训不包括（ ）。

A. 国家安全生产方针、政策和有关安全生产的法律、法规、规章及标准

B. 安全生产管理、安全生产技术、职业卫生等知识

C. 伤亡事故统计、报告及职业危害的调查处理方法

D. 企业税收政策

342. 作业人员要求：经《安全生产规范》考试合格；身体健康符合规定；精神状态良好；并持有（ ）；劳动用品齐备。

A. 考试合格证　　B. 电工证

C. 上岗证

343. 火灾使人致命的最主要原因是（ ）。

A. 被人践踏　　B. 窒息

C. 烧伤

344. （ ）的行为属于指挥性违章。

A. 没有制定明确的安全生产目标

B. 安全性评价暴露的问题没有及时布置制定相应整改措施

C. 设备无标识牌

D. 进入生产现场不戴安全帽

345.《安全生产法》规定，生产经营单位应当向从业人员如实告知作业场所和工作岗位存在的（　）、防范措施以及事故应急措施。

A. 危险因素　　B. 人员状况

C. 设备状况　　D. 环境状况

346. 检查部门的职能是（　）、预防、报告。

A. 验收　　B. 把关

C. 审核　　D. 考核

347. 国家对严重污染环境的工艺、设备和产品实行淘汰制度，任何单位和个人不得生产、销售或者转移使用（　）的工艺、设备和产品。

A. 生产、销售　　B. 严重污染环境

C. 生产、销售、使用　　D. 生产、转移、使用

348. 落实安全生产责任制就是要求在进行生产活动中认真履行各自的职责，杜绝违章作业，做到（　）。

A. 安全生产　　B. 行车安全

C. 生产安全

349. 生产经营单位安全生产资金投入纳入（　）。

A. 工作计划

B. 年度生产经营计划和财务预算

C. 生产经营收益预算

D. 专项费用支出预算

350. 职工群众最基本的权利是（　　）。

A. 选举权　　B. 工资

C. 生存权　　D. 生命健康安全

351. 应急物资、装备中的安全帽属于（　　）。

A. 电气专业装备　　B. 通信设备

C. 生活保障用品　　D. 生命保障装备

352. 设备定期试验与轮换制度应由（　　）执行。

A. 班组　　B. 检修部

C. 生计部

353. 劳动防护用品是指由生产经营单位为从业人员配备的，使其在劳动过程中免遭或减轻因（　　）等外界因素导致人身伤害及职业危害的个人防护装备。

A. 物理、化学、生物　　B. 生物、化学

C. 生物、物理　　D. 物理、化学

354. 职业性危害因素中，高温、辐射、噪声属于（　　）。

A. 物理因素　　B. 化学因素

C. 生物因素　　D. 劳动心理因素

355. 司机在操作中接近人时，应给以断续铃声或（　　）。

A. 连续铃声　　B. 报警

C. 声光信号

356. 踝关节扭伤，为防止皮下出血和组织肿胀，在早期应选用（　）。

A. 局部按摩　　B. 红外线热敷

C. 湿冷敷

357. 安全信息管理必须遵循（　）的原则。

A. 真实性　　B. 准确性

C. 时效性　　D. 以上都是

358. 安全检查工作应遵循一定的工作程序，（　）不属于安全检查必要步骤。

A. 复查整改落实情况　　B. 下达隐患整改意见和要求

C. 实施安全检查　　D. 公示检查结果

359.（　）应急演练方式不是按照目的和作用分类的。

A. 功能性演练　　B. 程序性演练

C. 实战演练　　D. 检验性演练

360. 生产经营单位应当按照（　）有关规定建立安全生产费用提取和使用制度。

A. 国家和省　　B. 省、市

C. 市、县　　D. 县和乡镇（街道）

361. 海因里希事故因果理论将（　）确定为人的不安全行为和物的不安全状态。

A. 遗传及社会环境　　B. 人性缺陷

C. 事故的直接原因　　　　D. 事故真因

362. 应急预案指针对可能发生的各类突发事件，为迅速、有序地开展应急行动而（　）的行动方案。

A. 临时制定　　　　B. 临时采取

C. 事先采取　　　　D. 预先制定

363. 新领用或在用的安全工器具必须经（　）后，方可发至班组或个人使用。

A. 试验合格　　　　B. 检查

C. 试验

364. 安全工器具应保持（　），轻拿轻放，防止意外损坏。

A. 清洁、干燥，摆放整齐　B. 外观完整

C. 试验合格　　　　D. 以上都是

365. 整理时，要根据物品的（　）来决定取舍。

A. 购买价值　　　　B. 使用价值

C. 是否占空间　　　　D. 是否能卖好价钱

366. 现场创伤急救的四项技术是：止血、包扎、固定、（　）。

A. 呼救　　　　B. 搬运

C. 手术　　　　D. 其他

367. 发生事故应立即报告，及时抢救（　）和财产，保护好现场，并如实向事故调查人员提供材料。

A. 物资　　　　B. 设备

C. 受伤人员　　　　　　　　D. 以上都不是

368.《安全生产法》规定，负有安全生产监督管理职责的部门在监督检查中，应实行（　）。

A. 共同检查　　　　　　　　B. 联合检查

C. 授权检查　　　　　　　　D. 委托检查

369. 依据《危险化学品安全管理条例》的规定，剧毒化学品以及储存数量构成重大危险源的其他危险化学品必须在专用仓库内单独存放，实行（　）制度。

A. 双人收发、单人保管　　　B. 单人收发、双人保管

C. 双人收发、双人保管　　　D. 单人收发、单人保管

370. 要使安全思想工作有针对性，就必须研究员工的群体安全心态，还要掌握好员工的（　）特征。

A. 个性　　　　　　　　　　B. 心理

C. 思想　　　　　　　　　　D. 情感

371. 工人转岗前必须经过（　）。

A. 体检　　　　　　　　　　B. 安全教育

C. 思想教育

372. 班组发生的各种事故（包括异常、未遂、火灾火警），按照“（　）”的原则查明原因，明确责任，及时上报，采取防范措施。

A. 二不放过　　　　　　　　B. 三不放过

C. 四不放过

373. 口对口吹气人工呼吸时，注意吹气切勿过猛、过短，也不宜过长，以占一次呼吸周期的（ ）为宜。

A. 1/2　　B. 1/3

C. 1/4

374. 班组安全员应协助班组长做好安全台账，做到（ ），确保其真实完整。

A. 及时填写　　B. 字迹清晰

C. 随叫随写　　D. 以上都不是

375. 对个人使用的职业病防护用品，（ ）说法正确。

A. 给工人配发了职业病防护用品，对职业病危害因素的控制可以放松

B. 职业病防护用品市场上品种繁多，可以随便购买

C. 所购买的职业病防护用品应符合国家或行业标准

D. 所购买的职业病防护用品应以经济实惠为主，质量差一点也有效果

376. 生产经营单位的安全生产规章制度所约束的对象是（ ）。

A. 管理人员　　B. 主要负责人

C. 所有从业人员

377. 在安全管理中，（ ）比较重要。

A. 发防暑降温费　　B. 安全培训和教育

C. 探望负伤人员家属

378. 依据《生产安全事故报告和调查处理条例》(国务院令第493号),根据生产安全事故造成的人员伤亡或者直接经济损失,事故一般分为( )4个等级。

A. 特别重大事故;重大事故;较大事故;一般事故

B. 极其重大事故;重大事故;较大事故;一般事故

C. 特别严重事故;严重事故;较严重事故;一般事故

D. 极其严重事故;严重事故;较严重事故;一般事故

379. 特种作业人员应当按照国家有关规定,接受与其所从事的特种作业相应的安全技术理论培训和实际操作培训,取得( )后,方可上岗作业。

A. 安全生产管理资格证书　　B. 劳动技能培训证书

C. 特种作业相关资格证书　　D. 企业上岗证

380. 企业安全文化建设的目的是( )。

A. 提高全员安全素质　　B. 形成重视安全生产的氛围

C. 提高经营者的安全素质　　D. 强化安全主体责任

381. ( )不是安全监督人员的职权。

A. 制止“三违”行为　　B. 担任工作负责人

C. 提取查阅事故有关资料

382. 电弧焊接发生人员及设备事故,应立即( )。

A. 切断电源　　B. 停止气焊

C. 停止电焊　　　　　　D. 报告

383. 对（　）损伤的伤员，不能用一人抬头、一人抱腿或人背的方法搬运。

A. 面部　　　　　　B. 脊柱

C. 头部

384. 当受灾现场不具备事故抢救的条件，或抢救事故可能危及人员安全时，应（　）。

A. 及时报告　　　　　　B. 安全撤离

C. 妥善避灾

385. 班组长是安全生产第一责任人，即对班组（　）。

A. 安全负全面管理责任　　　　B. 组织生产

C. 完成各项生产任务

386. 下列关于班组长安全生产职责的说法，不正确的是（　）。

A. 编制《自主检查表》，促使全体班组成员实施检查

B. 把握需要作业环境检测的业务名称以及检测结果

C. 完善“整理、整顿、清洁、清扫标准”，使其得到严格执行

D. 班组长要负责的事情已经够多了，班组成员安全卫生意识及职业健康管理的提高，是每个员工自己的事，不是班组长的职责

387. 劳动保护侧重于消除有损员工安全与健康的（　），以保证

员工在生产活动中的安全与健康。

A. 危险因素　　B. 危险区域

C. 危险行为　　D. 自由行为

388. (　　) 是指可能造成人员伤害、疾病、财产损失、作业环境破坏或其他损失的根源或状态。

A. 危险　　B. 危险度

C. 危险源　　D. 以上都不是

389. 安全是指（　　）事物的危险程度能够为人们普遍接受的状态。

A. 主观　　B. 客观

C. 微观　　D. 宏观

390. 安全施工要杜绝的“三违”是（　　)、违章作业和违反劳动纪律。

A. 违章操作　　B. 违章指挥

C. 违反操作规程　　D. 违反宪法

391. (　　) 是指作业人员在生产作业过程中，不遵守安全规程，违反保证安全的各项规定、制度及措施的不安全行为。

A. 违章作业　　B. 违章指挥

C. 违反劳动纪律　　D. 违反法律法规

392. (　　) 的主要负责人对本单位的职业病防治工作全面负责。

A. 用人单位　　B. 劳动部门

C. 卫生部门 D. 工会

393.（ ）不是安全巡检中使用的方法。

A. 望 B. 闻

C. 问 D. 切

394.（ ）不属于人的不安全行为。

A. 车门未关紧启动机动车 B. 维护保养不当设备失灵

C. 无证驾驶 D. 睡眠不足精神不振

395. 一些职工安全意识不强，看到其他职工违章操作“既省力，又没出事，还没被追究和处理”而盲目跟随，渐渐地把错误的操作代替了正确的方法，形成习惯性违章。这是（ ）。

A. 取巧心理 B. 麻痹心理

C. 无知心理 D. 从众心理

396. 发现气体中毒或窒息人员的处理程序是（ ）。

A. 先报调度 B. 立即救人

C. 先自保后立即救人

397. 编制现场作业程序书（卡），必须依据计划，紧密与（ ）相结合。

A. 工作班组 B. 施工工期

C. 现场 D. 施工现场

398. 班组安全管理的主要内容包括安全教育、安全生产、劳动保护、工业卫生和（ ）等。

A. 5S　　B. 安全检查

C. 现场管理　　D.TPM

399. 应该做到职工安全意识牢固，安全风险预防措施到位，（　）措施实施到位，风险源得到有效把控，无任何责任事故，无严重“两违”现象，实现安全生产。

A. 风险控制　　B. 安全管理

C. 现场控制　　D. 质量控制

400. 具有季节性特点的演练需（　）。

A. 每季度至少开展 1 次　　B. 每年至少开展 1 次

C. 相应季节至少开展 1 次　　D. 经常性开展

401. 制定预案，落实人员和职责，落实物资与设施，预案演练等一系列工作属于（　）。

A. 预防　　B. 准备

C. 响应　　D. 恢复

402. 作业现场发生突发事故，班组员工除了抢救身边的伤者，最重要的任务是（　）。

A. 抢救国家财产　　B. 通知周边群众

C. 向上级报告　　D. 逃生

403. 打夯机的电源电缆应采用耐气候型的（　）电缆。

A. 橡皮护套铁心硬　　B. 塑料护套铜心软

C. 橡皮护套铜心软

404. 安全生产检查是查找、纠正、(　　)事故隐患，防止事故发生的有效手段。

A. 记录　　B. 排查

C. 消除　　D. 减少

405. 毒物进入机体的主要途径有呼吸道、(　　)、皮肤。

A. 头部　　B. 身体

C. 消化道

406. 危险点预控只是(　　)的一种措施。

A. 保证人身安全　　B. 保证检修安全

C. 消灭事故　　D. 保证设备安全

407. 应急救援工作中的核心内容是(　　)。

A. 人群疏散与安置　　B. 指挥与控制

C. 泄漏物控制　　D. 消防与抢险

408. 加压包扎止血法主要适用于(　　)出血的止血。

A. 动脉　　B. 静脉

C. 心脏　　D. 毛细血管

409. 综合应急预案的预防与预警包括危险源监控、预警行动、(　　)。

A. 信息上报　　B. 信息传递

C. 信息报告与处置

410. 法律责任以(　　)为必然后果。

A. 法律制裁　　B. 刑事处罚

C. 行政责任　　D. 民事责任

411. 开展安全行为观察的成功关键因素不包括（　）。

A. 必须建立无指责文化

B. 领导不必亲自参加

C. 需要设立目标

D. 参与计划的人员必须经过专业训练

412. 对每一道工序的进行，按照职责分工和到位标准，有关人员都必须履行（　）手续，以表明工作者是谁，监督者是谁。

A. 签字　　B. 审批

C. 许可

413. 对矿井、医院、地铁、机场、金融、通信中心、新闻单位、党政机关、高层建筑等特别重要用户，用户必须备有（　）。

A. 保安电源　　B. 两路供电回路

C. 蓄电池　　D. 保安照明系统

414. 煤炭、稻谷等可燃物质长期堆积在一起可能发生自然火灾，其点火源是（　）。

A. 摩擦生热　　B. 化学自热

C. 蓄热自热　　D. 绝热压缩

415. 安全技术培训坚持（　）的原则。

A. 教考分离　　B. 教学分离

C. 学用分离　　D. 教用分离

416. 锅炉的三大安全附件分别是安全阀、(　　)、水位表。

A. 电表　　　　　　B. 温度计

C. 压力表

417. “重伤”是指造成人员肢体残缺或某些器官受到(　　)，致使人体长期存在功能障碍或劳动能力有重大损失的伤害。

A. 轻度损伤　　　　B. 中度损伤

C. 严重损伤　　　　D. 轻微损伤

418.《安全生产法》规定，矿山、建筑施工单位和危险物品的生产、经营、储存单位，应当设置安全生产管理机构或者配备专职的(　　)。

A. 安全生产管理人员　　B. 工会主席

C. 业务管理人员　　　　D. 技术管理人员

419. (　　)是指危害和整改难度较小，发现后能够立即整改排除的隐患。

A. 严重事故隐患　　B. 较大事故隐患

C. 一般事故隐患　　D. 普通事故隐患

420. 关于骨折现场急救，正确的是(　　)。

A. 骨折都应初步复位后再临时固定

B. 对骨端外露者应先复位后固定，以免继续感染

C. 一般应将骨折肢体在原位固定

421. 电气安全工具每(　　)检验一次，其他工具每年检验一次。

A. 3 个月　　B. 半年

C. 1 年

422. 事故调查处理应当按照实事求是、(　　) 的原则，准确地查明事故原因，总结事故教训，提出整改措施，对事故责任人提出处理意见。

A. 认真负责　　B. 尊重科学

C. 科学严谨　　D. 对事对人

423. 施工现场 70% 以上事故是由于“三违”造成的，“三违”是指：违章指挥、违章作业和（　　）。

A. 违反操作规程　　B. 违反有关规定

C. 违反劳动纪律

424.（　　）是开展虚惊事件提案活动的主要责任者。

A. 管理者、监督者　　B. 组织者

C. 一线员工　　D. 执行者

425. 生产和生活中的废气里，被称为“闪电型”死亡的有毒气体是（　　）。

A. 氨气　　B. 氯气

C. 一氧化碳　　D. 硫化氢

426. 长时间接触（　　）可致癌。

A. β 射线　　B. 噪声

C. 一氧化碳　　D. 苯

427. 操作工在交接班时（ ）。

A. 可以打声招呼交班，也可以不见面交班

B. 面对面交班，当面问清相关情况，并做好交班记录

C. 以上都不是

428. 班组长负责制订和组织实施控制（ ）的安全目标。

A. 异常 B. 未遂

C. 异常和未遂

429. 警示标志“注意安全”图形的设置范围和地点为（ ）。

A. 易造成人员伤害的场所

B. 易造成人员伤害的场所及设备等

C. 易造成人员伤害的设备

D. 以上都不是

430. 事故是指违背人们（ ）的事件。

A. 志愿 B. 意愿

C. 意志 D. 自愿

431. 火灾报警后要有专人在街道路口等候消防车到来，（ ）消防车去往火场，以便迅速、准确地到达起火地点。

A. 指挥 B. 指导

C. 引导

432. 环境能够潜移默化，如果班组长注意细节，就会影响员工的工作态度，影响品质的控制，所以环境本身也是一种（ ）。

A. 生产力　　B. 传播力
C. 引领力　　D. 领导力

433. 对同一安全生产事项的技术要求，安全生产行业标准（　）国家安全生产标准。
A. 可以高于　　B. 不得高于
C. 应当高于　　D. 必须等于

434.《安全生产法》规定：生产经营单位发生生产安全事故后，事故现场有关人员应当立即报告本单位（　）。
A. 工会　　B. 负责人
C. 应急办

435. 各级单位对本级单位的应急队伍管理负责，指的是（　）。
A. 专业搭配　　B. 分层管理
C. 应急保障　　D. 随意搭配

436. 下列属于“三个体系、一个机制”中“三个体系”的是指（　）
A. 应急体制体系　　B. 应急风险体系
C. 应急管理体系　　D. 应急组织体系

437.（　）不属于交通安全保障内容。
A. 外出车辆及司机确定　　B. 车辆往返路线确定
C. 应急人员数量确定　　D. 分批或集中往返

438. 事故发生后，（　）是否协调高效，能否迅速整合一切应急资源，对于应急处理有着决定性的意义。

A. 应急指挥体系　　B. 应急组织

C. 应急预案　　D. 应急信息系统

439. 总体预案是（　），应全面明确本单位应急管理体系和处置体系。

A. 专项预案　　B. 综合性预案

C. 应急预案　　D. 现场处置方案

440. 下列属于应急组织体系中决策指挥机构的是（　）。

A. 公司应急指挥中心　　B. 公司应急办公室

C. 应急值班机构　　D. 临时指挥中心

441. 发生瓦斯爆炸时，上风侧的遇险人员应（　）。

A. 去灾区抢救　　B. 顺风撤退

C. 迎风撤退　　D. 就地耐心等待救援

442. 冬季解冻氧气瓶阀的方法是（　）。

A. 轻轻用铁器敲击瓶阀　　B. 用热水或蒸汽解冻

C. 用扳手使劲拧　　D. 用蛮力解决

443. 化学品进入眼睛后应立刻（　），并尽可能请医生诊治。

A. 滴氯霉素眼药水　　B. 用干净手帕擦拭

C. 用大量清水洗眼　　D. 以上都不是

444.《安全生产法》规定：两个以上生产经营单位在同一作业区域内进行生产经营活动，可能危及对方生产安全的，应当签订（　），明确各自的安全生产管理职责和应当采取的安全措施，并指定专职安全生产管理人员进行安全检查与协调。

A. 合作协议　　B. 分配协议

C. 用人协议　　D. 安全生产管理协议

445. 落实整改措施应该（　）。

A. 班组边查边改，企业制定有效措施抓紧整改

B. 等待上级下达整改

C. 由车间帮助整改

D. 资金落实后整改

446. 水是最常用的灭火剂，木头起火，可以直接用水扑灭，（　）起火不能直接用水扑灭。

A. 纸张　　B. 棉布

C. 油脂　　D. 木材

447. 加强班组建设是防范事故的（　）。

A. 关键环节　　B. 有效方法

C. 有效途径　　D. 基本要求

448. 以劳务派遣形式用工的，生产经营单位与劳务派遣单位应当在劳务派遣协议中明确各自承担的安全生产教育培训职责。未明确职责的，由（　）承担安全生产教育培训责任。

A. 劳务派遣单位　　B. 生产经营单位

C. 有资质的中介机构　　D. 当地安监部门

449. 专家的水平和客观公正性（ ）。

A. 是安全性评价成功的关键

B. 是安全性评价的原则要求

C. 与安全性评价的成败无关

D. 与安全性评价的工作质量无关

450. 下列关于职业病的描述，不正确的是（ ）。

A. 与生产过程相关的职业病危害因素包括：工业毒物、不良气象条件、生物因素、不合理的劳动组织以及卫生条件恶劣等

B. 职业病首先是“防”，然后才是“治”

C. 与劳动过程有关的职业病危害因素包括：过长的作业时间、过大的作业强度、不合理的劳动制度、不合理的劳动组织过程等

D. 职业病是无法避免的，每个人都会有的

451. 班组安全检查的内容包括：员工的（ ）措施、安全技术规章的执行情况、设备的安全运行状况、劳动条件与工作环境等。

A. 劳动保护　　B. 准备

C. 预防　　D. 自我保护

452. 安全教育要着重加强（ ）的教育，以消除不安全因素，避免事故的发生。

A. 严格遵守　　B. 提高业务

C. 预防为主　　D. 作业方法

453. 应急救援预案的制定应遵守（　　）的原则。

A. 统一领导　　B. 团结一致

C. 预防为主

454. 消防工作贯彻（　　）的方针，坚持专门机关与群众相结合的原则，实行防火安全责任制。

A. 谁主管，谁负责　　B. 以防为主，以消为辅

C. 预防为主，防消结合

455. 我国职业病防治工作的方针是（　　）。

A. 以人为本，标本兼治　　B. 安全第一，预防为主

C. 预防为主，防治结合

456.（　　）是企业经济效益得以保证的基础。

A. 资金　　B. 管理

C. 员工　　D. 安全

457. 下列关于员工的不安全行为的说法，不正确的是（　　）。

A. 知识不足是导致员工不安全行为的原因之一

B. 能力不足是导致员工不安全行为的原因之一

C. 员工侥幸心理作祟是导致不安全行为的原因之一

D. 员工的不安全行为是无法杜绝的，班组长再怎么努力也解决不了

458. 在进行班组安全教育时应结合（ ）进行安全教育。

A. 职工思想动态　　B. 市场需要

C. 员工主观需求　　D. 以上都不是

459. 在撤退途中听到或感觉到爆炸声或有空气振动冲击波时应（ ）。

A. 迅速卧倒　　B. 快跑

C. 原地不动

460. 从业人员发现直接危及人身安全的紧急情况时，有权停止作业或（ ）。

A. 认为没事继续生产

B. 马上离开现场

C. 在采取可能的应急措施后撤离作业场所

D. 以上都不是

461. 现场改善是提案落实的关键，下列描述错误的是（ ）。

A. 建立人人进行现场改善的意识，员工要力所能及地对现场进行改善或提出改善建议；岗位、班组、车间和公司要对改善展开行动

B. 对于班组、车间、公司的分级改善，不应根据属地管理原则、专业分工原则进行改善

C. 在改善实施过程中，需进行跟踪检查，详细记录其实施经过和结果，以便查实做出进一步的评价对策方案，直

到完成

D. 针对对策实施后的结果进行评估。对改进不充分的，需进行下一步改善

462. 用于预防和治理职业病危害、工作场所职业病危害因素检测、健康监护和职业卫生培训等费用（　）。

A. 由国家和企业共同负担　B. 由企业和受益员工共同负担

C. 在生产成本中据实列支　D. 由企业和受益员工分别负担

463. 做好危险点预控的关键（　）。

A. 在危险点的确定　B. 在落实

C. 在总结　D. 在认识

464. 职业健康安全危险源是（　）。

A. 可能导致伤害或疾病、财产损失、工作环境破坏或这些情况组合的根源或状态

B. 污染环境的风险

C. 造成死亡、疾病、伤害、损坏或其他损失的意外情况

465. 急性苯中毒主要表现为对中枢神经系统的麻醉作用，而慢性中毒主要表现为对（　）的损害。

A. 呼吸系统　B. 消化系统

C. 造血系统　D. 以上都不是

466. 安全（　）是构成班组安全文化的核心。

A. 价值观　B. 意识观念

C. 责任感　　D. 人生观

467. 安全生产责任制应在（　）上下功夫。

A. 健全完善　　B. 分工明确

C. 责任追究　　D. 贯彻落实

468. 三级安全教育各项资料需要（　）保存，不能用红笔和铅笔填写，必须用黑色钢笔或签字笔填写。

A. 2 年　　B. 1 个三级检修周期

C. 长期　　D. 1 年

469. 检修标准卡存入设备台账中保存（　）。

A. 1 年　　B. 至下一检修周期

C. 长期保存　　D. 半年

470. 司机使用的音响信号（　）表示明白，服从指挥。

A. 一短声　　B. 二短声

C. 长声　　D. 三短声

471. 司机使用的音响信号（　）表示重复，请求重新发出信号。

A. 一短声　　B. 二短声

C. 长声　　D. 三短声

472. 班组长每日上班的第一件事是（　）。

A. 去生产现场　　B. 进行工作交接

C. 召开班前会　　D. 对生产安排落实

473. 警告标志的含义是提醒人们对周围环境引起注意，以避免可能发生危险的图形标志，其基本外形是（　）。

A. 带斜杠的圆形框　B. 圆形边框

C. 正三角形边框　D. 方形边框

474. 保障从业人员安全生产权利的义务主体，是从业人员所在的（　）。

A. 地区　B. 生产经营单位

C. 政府　D. 省市

475.（　）不属于虚惊提案的管理流程。

A. 收集　B. 填写

C. 执行　D. 激励

476. 班组长是班组安全检查的第一责任人，班组安全员是班组安全检查的（　）。

A. 第一责任人　B. 执行人、监督人

C. 执行人　D. 监督人

477. 从业人员经过安全教育培训，了解岗位操作规程，但未遵守而造成事故的，行为人应负（　）责任。

A. 领导　B. 管理

C. 直接　D. 以上都不是

478. 起重作业应该按指挥信号和操作规程进行，（　）紧急停车信号都应立即执行。

A. 不论何人发出　B. 只要是直接作业人员发出

C. 只要是作业指挥人员发出 D. 只要是领导发出

479. 当心火灾标志属于（ ）标志。

A. 禁止 B. 警告

C. 指令 D. 提示

480. 各作业部门的班组必须设立指导书专（兼）职管理人员，负责（ ）书的归档、保存。

A. 指挥 B. 指导

C. 指令

481. 禁止吸烟标志属于（ ）标志。

A. 禁止 B. 警告

C. 指令 D. 提示

482. 生产经营单位建立安全生产责任制的必要性是：从（ ）上落实“安全生产，人人有责”。

A. 内容 B. 方法

C. 制度 D. 程序

483. 操作起重机械时，（ ）不明不吊。

A. 物品 B. 重量

C. 质量 D. 位置

484.（ ）就是对每道工序、每个环节、每个岗位直至每项操作都制定科学的标准，全体职工都按各自应遵循的标准进行生产活动，各道工序按规定的标准进行衔接。

A. 安全质量标准化　　B. 安全标准化

C. 质量标准化　　D. 安全质量科学化

485. 从业人员应当接受安全生产教育和培训，掌握本职工作所需要的（　）。

A. 安全生产知识　　B. 生产技能

C. 质量技能

486. 冻僵病人复温最好的方法是（　）。

A. 大量饮热茶、热酒　　B. 肌肉注射兴奋剂

C. 置于 38~42 摄氏度温水浸泡

487. 事故隐患分为一般事故隐患和（　）。

A. 较小事故隐患　　B. 较大事故隐患

C. 重大事故隐患　　D. 特别重大事故隐患

488. 根据《安全生产法》第一百一十七条规定，（　）是指长期地或者临时地生产、搬运、使用或者储存危险物品，且危险物品的数量等于或者超过临界量的单元（包括场所和设施）。

A. 特殊危险源　　B. 较大危险源

C. 重大危险源　　D. 一般危险源

489. 生产经营单位对（　）应当登记建档，定期检测、评估、监控，并制定应急预案，告知从业人员和相关人员应当采取紧急措施。

A. 事故频发场所　　B. 重大事故隐患

C. 重大危险源　　D. 重点危险部位

490. 针对多个问题的原因进行分析，应采用的统计工具是（　）。

A. 因果图　　B. 散布图

C. 柱形图　　D. 关联图

491. 应急预案和现场处置方案修订废止描述错误的，需要（　）。

A. 评估修订　　B. 条件修订

C. 专人修订　　D. 定期修订

492. 安全教育中的安全技术知识教育不包括（　）知识教育。

A. 生产技术　　B. 一般安全技术

C. 专业安全技术　　D. 数、理、化基础

493. 自主保全临时基准应该由（　）来制定。

A. 操作者　　B. 班长

C. 专业保全人员　　D. 设备管理部门

494. 化学品火灾的扑救应由（　）来进行，其他人员不可盲目行动。

A. 班长　　B. 技术员

C. 专业消防队　　D. 车间领导

495. 造成伤亡事故的直接原因概括起来不外乎人的不安全（　）和物的不安全状态。

A. 思想　　B. 意识

C. 状态　　D. 行为

496. 从业人员不服从管理，违反安全生产规章制度或者操作规程的，由生产经营单位给予批评教育，依照有关规章制度给予（　）。

A. 行政处罚　　B. 处分

C. 追究刑事责任　　D. 以上都不是

497. 从业人员发现事故隐患或者其他不安全因素时，应当（　）。

A. 立即自己进行处理

B. 立即向现场安全生产管理人员或本单位负责人报告

C. 自己多加注意

D. 以上都不是

498. 安全监察是一种带有（　）的监督。

A. 规范性　　B. 义务性

C. 自觉性　　D. 强制性

499. 操作者在操作前要进行自我检查、（　）、自我安全思考。

A. 自我安全保护　　B. 自我操作

C. 自我安全提问　　D. 自我处理事故隐患

500.《企业安全生产标准化基本规范》在建立和保持方面要求，依据本标准规定，结合企业自身特点，自主建立并保持安全生产标准化管理体系，通过（　），构建安全生产长效机制，持续提升安全生产绩效。

A. 自我检查、自我纠正、自我完善

B. 自我学习、自我评价、自我改进

C. 自我检查、自我评价、自我改进

D. 自我检查、自我评价、自我完善

501. “安全第一”，就是在生产经营活动中，实行“（　）”的原则。在确保安全的前提下，努力实现生产经营的其他目标。

A. 安全优先　　B. 预防为主

C. 综合治理　　D. 生产优先

502.（　）不是班组安全日活动内容。

A. 学习安全生产重要会议

B. 分析班组当周安全生产情况

C. 组织下周各项工作危险点分析

503. 闪点的定义是指易挥发可燃物质表面形成的蒸气和空气的混合物遇火燃烧的（　）温度。

A. 燃烧　　B. 最高

C. 最低

504. 系统安全设计采用的安全措施中的首选措施是（　）。

A. 采用安全装置　　B. 采取报警装置

C. 最小风险设计

505.（　）是企业各项安全生产规章制度的核心，是企业规章制度的重要组成部分。

A. 工种岗位责任制　　B. 工作标准

C. 作业标准　　D. 行业标准

506.（　）指的是作业场所环境不良造成的安全隐患。

A. 环境的安全隐患　　B. 作业安全隐患

C. 作业场所安全隐患　　D. 作业人员的安全隐患

507. 安全教育要着重加强（　）教育，避免因业务不熟造成事故的发生。

A. 提高业务技能　　B. 预防为主

C. 作业方法　　D. 严格遵守

508. 安全教育要着重加强（　）有关规定的教育，以避免“两违”的发生。

A. 提高业务　　B. 预防为主

C. 作业方法　　D. 严格遵守

509. 安全教育的（　）是要教育员工认真对待工作，增强责任感。

A. 要求　　B. 目的

C. 作用　　D. 方法

510. 关于危险预知活动程序正确的说法是（　）。

A. 发现问题—研究重点—提出措施—制定对策—监督落实

B. 发现问题—提出措施—研究重点—制定对策—监督落实

C. 研究重点—发现问题—提出措施—制定对策—监督落实

D. 发现问题—研究重点—制定对策—监督落实—提出措施

多项选择题

1. 班组安全管理常用的方法有（　）。

A. 安全目标管理

B. 标准化安全管理

C.“三无”目标管理

D.“六有”“六无”班组安全管理

2. 危机管理中提到的 4R 理论是指（　）。

A. Reduction——尽力减少危机

B. Readiness——充分准备

C. Response——有效的响应

D. Recovery——后期的恢复和重建

3. 围绕（　）目标，制订考核办法，层层落实安全生产责任。

A. 政治　　B. 经济

C. 安全　　D. 生产

4. 安全技能教育包括（　）。

A. 安全操作技能　　B. 安全防护技能

C. 安全避险技能　　D. 安全救护技能

E. 安全应急技能

5. 编制作业指导书时应对作业现场和作业过程中的危险点进行分析，提出完整、规范的（　）确保“两票三制”的落实和安全工作。

A. 组织措施　　B. 技术措施

C. 安全措施　　D. 计划措施

6. 从事高空低压带电作业的工人可以考虑使用（　）。

A. 绝缘手套　　B. 绝缘鞋

C. 安全带　　D. 安全帽

7. 作业人员登高前，检查发现（　）质量严重不合格，定为未遂。

A. 登高工具　　B. 安全帽

C. 安全带　　D. 拉线断

8. 班组安全教育是以员工（　）等为主要内容，对班组员工进行教导与训练的总称。

A. 安全思想与安全意识教育

B. 遵纪守法与安全生产制度教育

C. 安全技术知识与技能教育

D. 专业工种（岗位）安全教育和典型经验与事故教训教育

9. 班组安全管理制度的主要内容为安全教育、（　）、事故责任处理等。

A. 安全检查　　B. 安全责任制

C. 安全奖惩　　D. 安全作业

10. 经常性安全培训教育形式的是（　）。

A. 安全活动日　　B. 事故现场会

C. 安全文化知识竞赛　　D. 国家安全生产月

11. 班组安全管理工作的基本方法有（　）。

A. 安全目标

B. 安全保证和监察体系（三级安全网）

C. 安全责任制

D. 规章制度

E. 安全性评价

F. 危险点分析与预控

12. 企业应建立从设计审查、（　）、周期检验、现场抽测、技术改造直至报废等全过程、全方位的技术监督管理制度，规范技术监督工作。

A. 订购验收　　B. 设备监造

C. 安装调试　　D. 运行维护

13. 安全检查的目的在于（　）。

A. 发现问题　　B. 消除隐患

C. 按章办事　　D. 保证安全生产

14. 班组长要及时摸清和洞察每名员工的思想动态，通过（　）等方式，来消除员工思想上的不安全因素。

A. 班前强调　　B. 班中提醒

C. 班后谈心沟通　　D. 职工家中走访

15. 下列关于班组长安全管理职能的说法，正确的是（　）。

A. 贯彻“安全第一，预防为主，综合治理”的方针

B. 要坚持以人为本的原则

C. 班组长应具备一定的设备操作及应急知识和技能

D. 新调动岗位的员工的安全教育培训工作，不属于班组长的职责范围

16. 安全教育的两个基本功能是（ ）。

A. 帮助员工正确认识安全生产的重要性，提高他们搞好安全生产的责任感和自觉性

B. 有针对性地传授安全生产科学知识，提高他们安全生产技术水平和自我安全保护技能，实现安全生产

C. 帮助员工正确掌握安全生产法律法规知识

D. 有针对性地消除不安全因素

17. 安全工作的根本目的是（ ）。

A. 保护广大职工的安全与健康

B. 防止伤亡事故和职业危害

C. 保护国家和集体财产不受损失

D. 保证生产和建设的正常进行

18. 班组安全管理的目标是（ ）。

A. 预防事故和职业病发生

B. 保护员工生命安全和身体健康

C. 保护企业的财产安全和社会环境

D. 保护员工个人的财产安全

19. 安全生产监督体系的职责不包括（　　）。

A. 对事故、障碍进行调查分析

B. 及时发现隐蔽的设备缺陷和异常

C. 保证生产指挥通畅

20. 危险化学品是指具有（　　）等性质，对人体、设施、环境具有危害的剧毒化学品和其他化学品。

A. 毒害　　B. 腐蚀

C. 爆炸　　D. 燃烧

E. 助燃

21. 以下关于企业内部承担安全评估、认证、检测、检验机构的说法，正确的选项是（　　）。

A. 具备本企业规定的资质条件就可以

B. 具备国家规定的资质条件才可以

C. 必须对其作出的安全评判、认证等结果负责

D. 无须对其作出的安全评判、认证等结果负责

22. 安全生产是指在生产经营活动中，为避免发生造成人员伤害和财产损失的事故，消除生产过程中的各种危险而采取相应的（　　），以保证员工的人身安全。

A. 事故预防　　B. 控制措施、行动

C. 标准化　　D. 安全思想

23. 安全工作中的“三不损害”是（　　）。

A. 不损害自己　　B. 不损害别人

C. 不被人损害　　D. 不损害设备

24. 与劳动过程有关的职业病危害因素包括（　）等。

A. 过长的作业时间　　B. 过大的作业强度

C. 不合理的劳动制度　　D. 不合理的劳动组织过程

25. 安全工器具保管时应确保（　）。

A. 不曝晒　　B. 不受潮

C. 不受化学污染

26. KYT 危险预知训练中的 4R 包括（　）。

A. 掌握现状　　B. 追求本质

C. 采取对策　　D. 设定目标

27. 班组成员对发现重大事故隐患和不安全现象，负有（　）的责任。

A. 连带　　B. 及时报告

C. 采取相应措施　　D. 减少损失

28. “六有班组”安全管理，即（　）和检查有记录、考核有依据、班组有安全员。

A. 安全有目标　　B. 管理有规章

C. 操作有规程　　D. 汇报有台账

29. 下列属于安全检查硬件方面的是（　）。

A. 查生产设备　　B. 查辅助设施

C. 查安全设施　　D. 查作业环境

30. 下列说法属于安全检查内容的是（　）。

A. 查思想、查意识　　B. 查制度、查管理

C. 查事故、查处理　　D. 查隐患、查整改

31. “三保”指（　）。

A. 员工保班组　　B. 班组保车间

C. 车间保企业　　D. 企业保省公司

32. 危险源的三要素是（　）。

A. 损失程度　　B. 潜在的危险性

C. 存在条件　　D. 触发因素

33. 以下使用口罩的方式错误的是（　）。

A. 将口罩遗留在工作区

B. 戴口罩时漏出鼻子

C. 戴完口罩后做面部密合性试验

D. 戴破损的口罩

34.（　）等部位应保持清洁，不积水，照明采用安全电压且照明充足。

A. 电缆夹层　　B. 竖井

C. 电缆隧道　　D. 电缆沟

35. 造成脱绳事故的主要原因是（　）。

A. 物件的捆绑方法或要领不当

B. 吊装重心选择不当，造成偏载起吊

C. 吊装重心选择不当，造成吊装重心不稳

D. 物件遭到碰撞、冲击、震动等而摇摆不定

36. 做好事故的处理，就是在事故发生后必须按照有关规定并结合实际情况，有组织地进行（ ）。

A. 事故处理 B. 抢救处理

C. 调查处理 D. 结案处理

37. 电气绝缘工器具、工具和用具应（ ），使用时应按规定接入漏电保护装置、接地线。

A. 由专人保管 B. 定期检查

C. 定期试验 D. 定期轮换

38. 液化石油具有（ ）危险性。

A. 烧伤 B. 火灾爆炸

C. 冻伤 D. 中毒

39. 生产经营单位的从业人员有权（ ）。

A. 了解其作业场所和工作岗位存在的危险因素、防范措施及事故应急措施

B. 对本单位的安全生产工作提出建议

C. 对本单位安全生产工作中存在的问题提出批评、检举、控告

D. 拒绝违章指挥和强令冒险作业

40.（　）需增加巡视次数或组织特巡的情况。

A. 设备满负荷运行时　　B. 台风气候时

C. 法定节假日　　D. 上级通知时

41. “两措”计划是指（　）。

A. 安全技术劳动保护措施计划

B. 环境卫生保护计划

C. 反事故措施计划

D. 作业环境保护计划

42.《消防法》规定，我国的消防方针是（　）。

A. 防治结合　　B. 预防为主

C. 防消结合　　D. 综合治理

43.（　）属于应急管理发展演变的层次。

A. 救灾　　B. 减灾

C. 防灾　　D. 免灾

44. “两措”计划的编制应包括（　）。

A. 需要消除的重大缺陷　　B. 改善作业环境

C. 防止伤亡事故　　D. 防止电网事故

45. 生产经营单位与从业人员订立的劳动合同，应当载明有关保障从业人员（　）的事项，以及依法为从业人员办理工伤社会保险的事项。

A. 职业危害　　B. 劳动安全

C. 防止职业危害　　　　　D. 人身安全

46. 危险源识别原则要突出一个全字，做到横到边、纵到底，不留死角、一个不留。要充分考虑到（　）三种状态。

A. 正常　　　　　B. 异常

C. 非常　　　　　D. 紧急

47. “两措”计划的内容“四落实”指（　）。

A. 项目　　　　　B. 时间

C. 费用　　　　　D. 人员

48. 各级单位应加强领导人员、管理人员和生产人员的应急培训，要将应急相关培训纳入本单位年度培训计划，（　）开展全员应急培训。

A. 分专业　　　　　B. 分层级

C. 分类别　　　　　D. 分人员

49. 生产性粉尘对人体的危害程度与（　）等因素有关。

A. 粉尘浓度　　　　　B. 粉尘导电性

C. 粉尘湿度　　　　　D. 粉尘分散度

50. 生产经营单位的从业人员在作业过程中，应当（　）。

A. 严格遵守本单位的安全生产规章制度

B. 严格遵守本单位的安全生产操作规程

C. 服从管理

D. 正确佩戴和使用劳动防护用品

51. 下列作业环境因素属于化学因素的是（　）。

A. 缺氧　　B. 有机溶剂

C. 辐射　　D. 照度

52. 班组长安全生产职责包括（　）。

A. 认真执行公司有关安全生产管理标准，有权拒绝执行不符合安全生产规定的指令和指挥

B. 组织对新工人和变换工种人员进行安全教育

C. 负责做好本单位的各项安全检查和安全教育工作，消除隐患

D. 遇到有危及生产安全的紧急情况时，不能停止生产，等报告单位领导和安全部门之后再说

53. 劳动保护的内容包括（　）。

A. 劳动安全　　B. 劳动卫生

C. 妇幼特殊保护　　D. 工作时间和休息休假

54. 虚惊事件的分级标准是（　）。

A. 正确级（公司级）——由子公司（车间）组织分析、评估，提出改善建议，上报公司生产技术中心、安环部，公司反馈改善意见，协助子公司（车间）实施

B. 改善级（车间级）——由子公司（车间）组织分析、评估，反馈改善意见，协助工段（班组）实施

C. 改善级（班组级）——由工段长（班组长）组织分析、评

估并上报子公司（车间），在工段（班组）内部实施改善，车间安全员、专业工程师进行跟踪监督检查

55. 假设发觉有人触电时，以下说法正确的是（　）。

A. 赶忙切断电源，使触电人脱离电源，并进行急救

B. 假设在高空工作，抢救时必须注意防止高空坠落

C. 赶忙报告班长或上级，说明地点，要求组织救援队伍

D. 赶忙拨打急救电话，请医院派出救援人员

56. 防止事故的方法就是防止能量失控或者让可能出现失控的能量发生转移，具体方法有（　）。

A. 限制能量　B. 控制能量

C. 隔离能量　D. 缓解能量

57. 现场作业环境职业病危害因素控制的方法包含（　）。

A. 定期体检　B. 个体防护

C. 工程控制　D. 消除取代

58. 项目安全施工措施应根据施工项目的具体情况，从（　）等方面进行编制。

A. 作业方法　B. 施工机具

C. 工业卫生　D. 作业环境

59. 生产经营单位的全员安全生产责任制应当明确各岗位的（　）等内容。

A. 责任人员　B. 责任范围

C. 工艺流程　　D. 考核标准

60. 在标准化管理过程中，公司 / 局标准化作业领导小组为决策层；生产技术部门领导、各专业技术专责及各部门（　）为管理层。

A. 专业管理　　B. 分管领导

C. 工作班成员　　D. 班组长

E. 技术骨干

61. 管理性违章的表现形式包括（　）。

A. 没有制定安全生产目标

B. 没有制定安全生产考核办法

C. 工作时没有进行危险点分析及预控

D. 没有进行安全性评价

62. 安全行为观察重点观察的内容为（　）。

A. 安全经验丰富的员工　　B. 安全经验欠缺的员工

C. 工作压力较大的员工　　D. 新进场的分包方员工

63. 任何单位或者个人对违反《安全生产许可证条例》规定的行为，均有权向（　）等有关部门举报。

A. 法院

B. 安全生产许可证颁发管理机关

C. 公安机关

D. 监察机关

64. 突发事件是指突然发生、造成或者可能造成严重社会危害，需要采取应急处置措施予以应对的（　）。

A. 自然灾害　　B. 事故灾难

C. 公共卫生事件　　D. 社会安全事件

65. 危险源由（　）组成。

A. 潜在危险性　　B. 存在条件

C. 固有状态　　D. 触发因素

66. 安全行为观察工作计划应包括的内容有（　）。

A. 参与安全行为观察的成员

B. 被观察的区域及重点观察的人员

C. 观察时间及频次安排

D. 沟通、记录、报告及反馈的要求

67. 班（组）长是班组安全互保的第一责任人，要加强作业现场的巡视，及时纠正、制止工作中的“三违”现象，在安全互保中负有（　）责任。

A. 第一　　B. 组织

C. 管理　　D. 领导

68. 以下（　）属于隐患管理的基本方法。

A. 过程控制　　B. 技术控制

C. 管理控制　　D. 安全文化控制

69. 大量事故统计表明，（　）是事故发生的三大原因。

A. 人的不安全行为　　B. 物的不安全状态

C. 管理上的缺陷　　D. 防护不足

70. 班组要实现安全生产“三无”目标，应做到（　）及人身无损害。

A. 设备无异常　　B. 设备无故障

C. 管理无漏洞　　D. 管理无违章

71. 以下关于班组成员安全责任的说法，正确的选项是（　）。

A. 熟悉工作内容、工作流程，把握安全措施，明确工作中的危险点并履行确认手续

B. 严格遵守安全规章制度、技术规程和劳动纪律，对自己在工作中的行为负责

C. 互相关怀工作安全，并监督本规程的执行和现场安全措施的实施

D. 正确使用安全工器具和劳动防护用品

72. 事故致因分析法中起决定作用的要素有（　）。

A. 人　　B. 设备

C. 环境　　D. 器具

E. 方法

73. 事故应急救援的目的是通过有效的应急救援行动，降低事故的危害，包括（　）。

A. 人员伤亡　　B. 财产缺失

C. 环境破坏　　D. 事故隐患

74.（　）不能认定为工伤或者不能视同工伤处理。

A. 故意犯罪的　　B. 醉酒或者吸毒的

C. 患职业病的　　D. 自残或者自杀的

75. 安全色包括（　）等颜色。

A. 红　　B. 蓝

C. 黄　　D. 白

E. 绿

76. 应急办公室主要负责签发（　）预警。

A. 红色　　B. 橙色

C. 黄色　　D. 蓝色

77. 安全生产事故发生后，任何单位或个人不得（　）与事故有关的原始资料和证据。

A. 编造　　B. 篡改

C. 毁弃　　D. 临时补充

78. 按人在事故原因中承担的责任，事故可分为（　）。

A. 责任事故　　B. 非责任事故

C. 机电事故　　D. 技术事故

79. 完善班组安全生产激励约束机制，认真落实安全责任制，做到（　）。

A. 坚持“四不放过”原则，防止发生不安全事件

B. 坚持“四不放过”原则，防止发生人身伤害

C. 积极开展“班组成员安全互保”活动，做到“四不伤害”

D. 积极开展“班组成员安全互保”活动，做到“三不伤害”

80. 班组长在培训教育方面的安全职责有（　）。

A. 对全体工作人员进行经常性的安全思想教育

B. 协助做好岗位安全技术培训，新入厂工人的安全教育培训

C. 积极组织班组人员参加急救培训，做到人人能进行现场急救

D. 以上都不是

81. 对基础管理，下列说法正确的是（　）。

A. 基础管理一般处于整个企业管理组织体系的基层

B. 基础管理工作必须以标准化、规范化、制度化为前提

C. 基础管理包括信息工作、标准化工作、规章制度制定、定额工作、计量和检测工作、教育培训等六个方面的内容

D. 基础管理等同于管理基础

82. 判断骨折的依据主要有（　）。

A. 疼痛　　B. 肿胀

C. 畸形　　D. 功能障碍

83. 消防设施、器材管理的注意事项有（　）。

A. 应建立台账　　B. 定期检查

C. 记入相关记录　　D. 必须实现记录实时上传

84. 应急保障分为应急队伍、(　　)。

A. 消防保障　　B. 后勤保障

C. 技术保障　　D. 资源保障

85. 岗位培训包括(　　)。

A. 事故预想　　B. 反事故演习

C. 技术问答　　D. 安全日活动

86. 企业安全生产中检查分为(　　)。

A. 一般性安全检查　　B. 专业性安全检查

C. 季节性安全检查　　D. 针对性安全检查

87. 从实践中来看，贯彻落实安全生产方针，应当做到(　　)。

A. 坚持管理、装备、培训并重的原则

B. 坚持安全生产方针的标准

C. 坚持各项行之有效的措施

D. 坚持批评教育、经济处罚

88. 安全生产管理包括(　　)。

A. 安全生产法制管理　　B. 行政管理

C. 监督检查　　D. 工艺技术管理

89. 安全生产工作“五同时”方法含(　　)。

A. 计划　　B. 布置

C. 检查　　D. 考核

90. 安全检查应贯彻(　　)的原则。

A. 领导与群众相结合　　B. 自查与互查相结合

C. 检查和整改相结合　　D. 检查与效益相结合

91. 任何人进入生产现场，（　）和办公室除外，必须戴安全帽。

A. 高压室　　B. 主控室

C. 检修班组室　　D. 值班室

92. 开展应急管理的意义有（　）。

A. 增强忧患意识，防患于未然

B. 快速反应，损益合理

C. 减少财产损失

D. 充分体现了以人为本

93. 漏电保护装置主要用于（　）。

A. 防止人身触电事故　　B. 防止中断供电

C. 减少线路损耗　　D. 防止漏电火灾事故

94. 清洁生产的方针是（　）。

A. 节能　　B. 降耗

C. 减污　　D. 增效

95. 接班（开工）前，结合当班运行方式和工作任务，要（　），要使所有参加工作的人员做到“四明确”。

A. 布置安全措施　　B. 做好危险点分析

C. 交代注意事项　　D. 明确工作任务

96. 为了保证运行中设备及备用设备完好性，确保故障时正确投入工作，必须对设备定期进行（　）。

A. 巡视　　B. 试验

C. 交接　　D. 轮换

97. 应急专家应该具备（　）的能力。

A. 丰富的现场处置经验　　B. 专业领域具有较高的认可度

C. 较强的指挥协调　　D. 身体亚健康

98. 班组安全检查的形式、方法主要包括（　）。

A. 经常性检查，包括班组月查、周查、日查和抽查等

B. 专业检查，包括防寒保暖、防暑降温、防火防爆、制度规章、防护装置、电器保安等专业检查

C. 节假日前的例行检查和安全月、安全日的群众性大检查

D. 班组成员的自检，班组职员应养成时时重视安全、经常进行自我安全检查的习惯

99. 以下关于急性中毒现场抢救的说法正确的是（　）。

A. 切断毒源和脱离中毒现场，迅速将中毒者移至通风好、空气新鲜处

B. 保暖，避免活动和紧张

C. 解开衣领，通畅呼吸道，用简易方法给氧

D. 对心跳、呼吸停止者，实施正确有效的心肺复苏术

E. 体表或眼遭刺激性、腐蚀性化学物污染时，应立即脱去衣服，用大量清水反复冲洗

100. 生产中不安全的危害有（　）。

A. 生产秩序被打乱　　B. 设备受损失

C. 经济上增加开支　　D. 职工个人痛苦

101. 扑灭有机溶剂和（　），需要用到干粉灭火器。

A. 易燃液体　　B. 可燃气体

C. 精密仪器　　D. 电气设备初期火灾

102. 心肺复苏术操作是否正确，主要看平时是否严格训练，掌握正确的方法。而在急救中判断心肺复苏术是否有效，可以根据（　）、出现自主呼吸等方面综合考虑。

A. 瞳孔　　B. 面色（口唇）

C. 颈动脉搏动　　D. 神志

103. 生产经营单位的从业人员不服从管理，违反安全生产规章制度或者操作规程的，由生产经营单位给予批评教育，依照有关规章制度给予（　）；造成重大事故，构成犯罪的，依照刑法有关规定追究（　）。

A. 处分　　B. 刑事责任

C. 警告　　D. 法律责任

104. 对产生严重职业病危害的作业岗位，应当在其醒目位置，设置（　）。

A. 中文警示说明　　B. 警示标识

C. 警示说明　　D. 警示语言

105. 起重机械如（　）等，应安置平稳牢固，并设有制动和逆止装置。

A. 绞磨　　B. 汽车吊

C. 卷扬机　　D. 手摇绞车

106. 电气安全用具有（　）。

A. 高（低）压验电器　　B. 绝缘棒（令克棒）

C. 绝缘靴　　D. 绝缘手套

E. 接地线

107. 应急预案的评审，（　）属于“七性”。

A. 实用性　　B. 完整性

C. 科学性　　D. 随意性

108. 推行班组安全生产风险预控管理，认真做好危险源辨识、风险评估工作，提高员工对生产作业中出现的各种不安全因素认知和防范能力，使班组安全（　）。

A. 预控　　B. 防控

C. 可控　　D. 在控

109. 在存放安全工器具处张挂安全工器具试验周期表，保证安全工器具的（　）。

A. 完好　　B. 有效

C. 可用

110. 开展危险点预控的要点是（　）。

A. 看准问题　　B. 把握重点

C. 克服难点　　D. 抓牢关键

111. 搞好安全管理是防止（　）的根本对策。

A. 伤亡事故　　B. 瓦斯爆炸

C. 矿井火灾　　D. 职业危害

112. 单位应当按照国家有关规定组织从事接触职业病危害的作业人员进行（　）的职业健康检查，并将检查结果书面告知作业人员。

A. 上岗前　　B. 在岗期间

C. 离岗时

113. 零件及器具存放不得侵占（　）和（　）通道。

A. 库房　　B. 物流

C. 料架　　D. 人行

114. 下列属于窒息性气体的是（　）。

A. 甲烷　　B. 二氧化硫

C. 硫化氢　　D. 一氧化碳

115. 在（　）、垃圾堆或有腐质物等附近挖坑时，应设监护人。

A. 道路　　B. 下水道

C. 煤气管线　　D. 潮湿地

116. 班组长是班组安全互保的第一责任人，在布置生产任务时，要做到“五明确”：（　）、明确作业小组和工作负责人、明确互保对象、明确工艺和质量要求。

A. 明确任务　　B. 明确互保内容

C. 明确安全措施　　D. 明确设备位置

117. 在带电设备周围严禁使用（　）进行测量工作。

A. 绝缘杆　　B. 钢卷尺

C. 皮尺　　D. 普通线尺

118. 凡发现工作人员有（　）时，禁止高处作业。

A. 精神不振　　B. 饮酒

C. 疲惫　　D. 状态不佳

119. 安全性评价工作应实行闭环动态管理，企业应结合安全生产实际和安全性评价内容，按照（　）的过程循环推进。

A. 计划、检查　　B. 整改、总结

C. 评价、分析　　D. 评估、整改

120. 以下属于安全生产教育培训对象的是（　）。

A. 厂长　　B. 安全管理员

C. 普通工人　　D. 电工人员

121. 在生产过程中，吸入高浓度的（　）可引起缺氧窒息而中毒。

A. 一氧化碳　　B. 氨

C. 汽油　　D. 硫化氢

122. 安全监督部门人员配置应满足（　）安全监督工作的实际

需要。

A. 全员　　B. 全面

C. 全过程　　D. 上级要求

123. 班组成员安全生产的义务有（　）。

A. 遵守安全生产规章制度和操作规程

B. 正确佩戴和使用劳保用品

C. 劝阻他人违章作业，发现事故隐患及时报告

D. 积极参加安全检查和班组安全活动

124. 与作业场所有关的职业病危害因素包括（　）等。

A. 废料、垃圾未及时清理

B. 缺少通风、采暖设备，或有而效能不好

C. 缺少防尘、防毒、防暑的设备，或设备不完善

D. 照明或采光方面存在缺陷

E. 安全防护设备方面存在缺陷

125. 企业安全生产民主监督的主要形式有（　）。

A. 职工代表大会

B. 企业工会组织

C. 群众安全监督检查网（岗）

D. 协会、学会

126. 防止锅炉爆炸的主要措施是（　）。

A. 加强对作业人员的培训教育

B. 加强对设备的管理

C. 认真检查设备

D. 派专人看守锅炉

127.《安全生产工作规定》对规程制度的要求有（　）。

A. 每年下发有效的规程制度

B. 每年进行一次复查、修订

C. 设备、系统变动要及时修订、补充

D. 每 4 年进行一次全面修订

128. 每年对现场规程进行一次复查、修订。不需要修订时，也应以文件的形式公布现行有效的规程、制度、标准清单，并出具（　）签名的书面文件。

A. 编写人　　B. 复查人

C. 审核人　　D. 批准人

129.（　）是班组正确开展安全维持和管理的项目。

A. 向工人传达灾害情报　　B. 让手痛的作业者忍耐

C. 生产比安全重要　　D. 每天都要进行安全作业观察

130. 安全生产工作应当以人为本，坚持（　），将保护人民生命安全摆在首位。

A. 科学管理　　B. 人民至上

C. 生命至上　　D. 综合治理

131. 事故调查处理应坚持（　）的原则。

A. 安全第一　　B. 公平客观

C. 实事求是　　D. 尊重科学

132. 对溺水者的急救正确的是（　）。

A. 救出溺水者后，立即送到比较温暖、空气流通的地方

B. 以最快的速度检查溺水者的口鼻，清除泥水和污物，畅通呼吸道

C. 使溺水者俯卧

D. 使溺水者侧卧

E. 进行人工呼吸及心肺复苏术

133. TPM 活动中可视化管理的作用是（　）。

A. 使管理更加透明　　B. 让管理更加简明

C. 使潜在问题显现化

134. 现场处置方案编制模板包括（　）、应急处置、注意事项和附件 6 个部分。

A. 概述　　B. 总则

C. 事件特征　　D. 应急组织及职责

135. 要及时发觉事故隐患，班组职工在平常的生产作业中，应该做到（　）。

A. 心勤　　B. 眼勤

C. 手勤　　D. 腿勤

136. 安全生产保证体系分为（　）。

A. 生产指挥系统　　B. 后勤保障系统

C. 思想政治工作保证系统　　D. 技术保证系统

137.（　）必须按照有关法律法规的规定，接受规范的安全生产培训，经考试合格，持证上岗。

A. 煤矿主要负责人　　B. 安全生产管理人员

C. 特种作业人员　　D. 从业人员

138. 企业、车间应分别编制年度培训计划，培训计划中要包含安全教育培训内容，如年度各项安全规程的学习考试、（　）、消防教育等，并认真执行，资料齐全。

A. 反事故演习　　B. 事故预想

C. 特种作业人员培训　　D. 紧急救护培训

139. 安全生产教育的重要性包括（　）。

A. 是安全生产顺利进行的重要保障

B. 能够普及和提高员工的安全技术知识，增强安全操作技能

C. 提高经营单位管理者及员工做好安全生产管理的责任感和自觉性

D. 是减少事故发生的绝对前提

140.（　）是安监人员的职权。

A. 进入生产区域　　B. 制止纠正违章

C. 提取事故有关资料　　D. 现场处罚违章

141. 工会有权对建设项目的安全设施与主体工程（ ）进行监督，提出意见。

A. 同时设计　　B. 同时施工

C. 同时投入生产和使用　　D. 同时规划

142. 环境监测的对象有（ ）。

A. 气压　　B. 水

C. 土壤　　D. 市容

143. 班组安全建设包括（ ）。

A. 重视安全保障工作，如大力开展班组安全、健康、环保宣传教育活动，强化安全技能培训，提高职工的安全意识和安全技能等

B. 完善安全责任制，即完善班组安全生产激励约束机制，认真落实安全责任制

C. 完善应急管理体系，即建立安全预警机制，定期开展预案演练和反事故演习，确保应急保障物资及时投用，提高处置突发事件的能力，做到设备无故障、人员无违章、班组无隐患，实现“零伤害、零损失、零事故”

D. 班组安全建设的关键在班组成员，班组长只能起到宣传、引导作用

144. 危险点查找的方法有（ ）。

A. 现场踏勘法　　B. 归纳分析预测法

C. 违章排摸法　　　　　　　D. 事故致因分析法

145. 经营单位存在（　）情形的，责令限期改正，可以处 5 万元以下的罚款。

A. 未与承包单位、承租单位签订专门的安全生产管理协议的

B. 未在承包合同、租赁合同中明确各自的安全生产管理职责的

C. 未对承包单位、承租单位的安全生产统一协调、管理的

D. 对重大危险源未登记建档，或者未进行评估、监控，或者未制定应急预案的

146. 安全带宜使用（　）或（　）的双控背带式。

A. 无后备保护绳　　　　　　B. 有后备保护绳

C. 无速差自锁器　　　　　　D. 有速差自锁器

147. “预防为主”主要体现在预防事故发生方面投入的（　）。

A. 精力　　　　　　B. 人力

C. 物力　　　　　　D. 财力

148. 下列选项属于物料目视管理要点的是（　）。

A. 明确物料的名称及用途，分类标识并用颜色区分

B. 物料的放置之处容易判断，采用有颜色的区域并用不同的标识加以区分

C. 物料的放置能够保证顺利地取放

D. 库存物料多多益善，以防止断货，影响工作进程

149. 岗位作业应做到（　）、工作环境卫生 。

A. 安全操作　B. 正确佩戴防护用品

C. 物料堆放整齐　D. 设备保养良好

E. 工作环境优美

150. RHOS 标准中属于有害物质的是（　）。

A. 铅　B. 汞

C. 锡　D. 镉

151. 应急管理的整体组织架构包括（　）。

A. 决策机构　B. 应急指挥部

C. 现场指挥部　D. 现场处置队

152. 企业突发事故通常分为四个阶段：（　）。

A. 预防阶段　B. 准备阶段

C. 响应阶段　D. 恢复阶段

E. 处理阶段

153. 突发事故应对通常分为四个时期，即（　）。

A. 预防时期　B. 预备时期

C. 响应时期　D. 复原时期

E. 整改时期

154. 现场管理要达到（　）的目标。

A. 品质、成本　B. 效率、交期

C. 协调、简单　D. 安全、士气

155. 起重吊装“十不吊”包括（ ）。

A. 被吊物重量超过机械性能允许范围不吊、信号不清不吊

B. 吊物下方有人不吊、吊物上站人不吊、埋在地下物不吊

C. 斜拉斜牵物不吊、散物捆绑不牢不吊、零碎物无容器不吊

D. 立式构件、大模板等不用卡环不吊，吊装物重量不明不吊

156. 生产经营单位采用（ ），必须了解、掌握其安全技术特性，采取有效的安全防护措施，并对从业人员进行专门的安全生产教育和培训。

A. 新工艺　　B. 新技术

C. 新材料　　D. 新设备

157. 在以下选项中，（ ）属于危机管理关键要素。

A. 时间　　B. 人员

C. 信息　　D. 领导力

158.（ ）是应急管理人员应具备的能力。

A. 预见能力　　B. 辨识能力

C. 信息沟通　　D. 必备的专业知识

159. 用人单位应教育从业人员，按照劳动防护用品的使用规则和防护要求正确使用劳动防护用品，使职工学会（ ）。

A. 检查劳动防护用品的可靠性

B. 正确使用劳动防护用品

C. 修理劳动防护用品

D. 正确维护保养劳动防护用品

160. 做好安全性评价的关键在于（　）。

A. 领导重视　　B. 认真自查

C. 选好专家　　D. 贵在真实

E. 重在整改

161. 安全教育是教导人们（　）的过程。

A. 避免危险　　B. 不出事故

C. 寻求平安　　D. 作业标准化

162. 火灾逃生的要点是（　）。

A. 防烟熏　　B. 果断迅速逃离火场

C. 寻找逃生之路　　D. 等待他人救援

163. 交通安全“四卡死”包括（　）。

A. 危险道路、路况不好、视线不良、铁路道口提前减速，确认安全再通行要卡死

B. 弯道和冰雪泥泞道路不超车要卡死

C. 严格执行三检制（出车前、行驶途中、收车后的检查），加强对车辆的日常维护保养要卡死

D. 对车辆检查，发现问题及时整改要卡死

164. 应急演练四个环节中策划环节的重点包括（　）和应急

措施。

A. 演练要素　　B. 演练目的

C. 演练规模　　D. 情景设置

165. 克服具体工作中危险点确定困难的方法有（　）。

A. 要认真地、细致地、一丝不苟地进行现场查勘

B. 要以经验为基础，事故教训为典例，作出推理和判定

C. 要充分发挥危险点数据库的指导作用

D. 要群策群力，针对具体的工作，把影响安全的危险因素分析透彻

E. 工作负责人（制卡人）要明确具体工作任务和很好地把握完成工作任务的人、机、环境的状态和进行中的变化，要善于删繁就简，善于抓住重点

166. 做好危险点分析预控，班组长责无旁贷，必须（　）。

A. 带头接受危险点分析预控这种安全管理的科学方法

B. 要使危险点分析预控工作能够结合本班实际有效开展

C. 要加强督促和管理，使危险点分析预控工作在实践中不断完善，取得良好的实效

D. 要在车间领导和技术人员的指导下，完成危险点分析预控工作

167. 进入酒库不可以携带（　）。

A. 手机　　B. 烟火

C. 钥匙　　D. 易产生静电物品

168. 危险源可以是（　），也可以是导致产生不期望后果的人或物。

A. 一次事故　　B. 一种环境

C. 一种状态的载体　　D. 一种精神

169.（　）是应急预案和现场处置方案的编制模板。

A. 总则　　B. 事件特征

C. 应急处置　　D. 注意事项

170. 应急队伍是应急管理体系的重要组成部分，它主要由（　）组成。

A. 应急管理队伍　　B. 应急专家队伍

C. 应急后勤队伍　　D. 应急抢修队伍

171. 应急救援系统的基本要素有（　）。

A. 预案编制指南　　B. 组织机构

C. 应急救援预案　　D. 应急救援物资

172.（　）等防火、防爆重点场所的照明、通风设备应采用防爆型。

A. 开关室　　B. 蓄电池室

C. 油罐室　　D. 油处理室

173.（　）等化学危险物料入库前，物料保管员必须对物料进行检查，确认无患后方能办理入库，现场领用后需放入防爆柜中。

A. 易燃　　B. 易爆

C. 有毒化学品　　D. 无毒化学品

174. 厂家技术人员参加现场设备调节时，工作前，设备运行管理单位应告知（　）。

A. 安全注意事项　　B. 现场危险点

C. 有关技术要求　　D. 现场电气设备接线情况

175. 安全行为观察确定观察区域时，需要考虑的因素有（　）。

A. 高危险作业的工作区域

B. 安全隐患较多的区域（安全检查报告、审核报告、事故报告）

C. 有交叉作业的工作区域

D. 新进场分包方的工作区域

176. 安监人员的职权有（　）。

A. 有权进入生产区域检查了解安全情况

B. 有权制止“三违”行为

C. 有权要求保护事故现场，了解事故有关情况，提取查阅事故有关资料，对事故现场进行照相、录音、录像

D. 对事故分析结论和处理有不同意见，有权提出或向上级安监机构反映，对隐瞒事故或阻碍事故调查的行为有权纠正或越级反映

177. 企业每年应开展春、秋、冬季安全大检查，防汛防台风检查，做到（　），资料齐全，实现闭环管理。

A. 有计划　　B. 有检查

C. 有整改措施　　D. 有总结

178. 安全生产管理，坚持（　）的方针。

A. 安全责任制　　B. 安全第一

C. 预防为主　　D. 综合治理

179. 安全标志设置要求有（　）。

A. 应针对班组不同场所的危险程度，有针对性地设置安全标志，绘制安全标志平面图

B. 按工厂有关规定，在厂内道路设置限速、限高、禁行等交通安全标志

C. 在检维修、施工、吊装等作业现场设置警戒区域和安全标志

D. 在可能产生严重职业危害作业岗位的醒目位置，按照规定设置职业危害警示标志，同时设置告知牌，告知产生职业危害的种类、后果、预防及应急救治措施、作业场所职业危害因素检测结果等

E. 在生产区域设置风向标

F. 在易燃、易爆、有毒有害等危险场所的醒目位置设置符合规定的安全标志

180.（ ）情况应认定为工伤。

A. 在工作时间和工作场所内，因工作原因受到事故伤害的

B. 工作时间前后在工作场所内，从事与工作有关的预备性或者收尾性工作受到事故伤害的

C. 在节假日游玩时，受到非本人主要责任的交通事故或者城市轨道交通、客运轮渡、火车事故伤害的

D. 因公外出期间，由于工作原因受到伤害或者发生事故下落不明的

181. 在下列说法中，符合我国安全生产方针的是（ ）。

A. 必须坚持“以人为本”

B. 实行“安全优先”的原则

C. 在事故的预防与处理上应重在处理

D. 为了保证安全应将一些高危企业关闭

182. 安全承诺的关键行为包括（ ）。

A. 在办公或工厂区域前公布领导班子的承诺

B. 在办公室悬挂自己的承诺牌

C. 在属地管理区域悬挂自己的承诺牌

D. 在工作报告中阐述自己的安全承诺

183. 场（厂）内机动车辆使用环境应符合安全要求，明确（ ）要求；在爆炸危险场所使用的车辆，必须符合防爆安全技术要求。

A. 限速　　B. 装载

C. 载荷　　D. 外形

184. 在以下选项中，属于危机决策路径的是（　）。

A. 问题的界定　　B. 目标的确定

C. 战略策略的选择　　D. 方法技术的运用

185. 安全性评价的操作要点包括（　）。

A. 严格按照查评依据进行查评

B. 各种查评方法配合应用

C. 掌握不同类型的评分标准

D. 把管理因素作为评价的重点

E. 提出高质量的综合评价报告

186. 入锅筒、烟道内检修，要有防火、防爆、防毒措施，必须做到（　）。

A. 良好的通风（温度超过 60 摄氏度严禁进入）

B. 炉外必须有人监护

C. 照明用 12 伏绝对安全电压或手电筒

D. 小刀、钥匙等与工作无关的异物不得带入

187.（　）是班组长的安全职责。

A. 主持召开好班前、班后会

B. 组织开展和参加定期安全检查

C. 整理安全工器具

D. 制定并组织实施控制异常和未遂的安全目标

188. 班组安全生产检查的主要内容包括（　）。

A. 各种生产设备设施的状况

B. 安全消防设施的状况

C. 职工防护用品穿戴情况

D. 职工遵章守纪情况

E. 作业现场安全文明生产状况

189. 做好安全性评价宣传发动工作的目的是明确（　）。

A. 评价的目的　　B. 必要性

C. 指导思想　　D. 具体开展方法

E. 各自的职责

190. 为减少不必要的协调管理流程，班组长要做到（　）。

A. 班组内成员应建立职务意识

B. 制定工作程序、工作标准规范、工作方法

C. 制定工作计划与目标

D. 建立畅通的沟通渠道，培养员工的沟通技巧

191. “六无班组”安全管理，即作业无事故、作业无违章和（　）。

A. 设备无缺陷　　B. 环境无隐患

C. 制度无缺陷　　D. 教育无遗漏

192. 关于危险源的说法不正确的是（　）。

A. 重大危险源控制的目的就是防止重大事故发生

B. 重大危险源可以分为生产场所重大危险源和储存场所重大危险源

C. 重大危险源的重大事故隐患排除后，即可恢复生产经营和使用

D. 涉及剧毒气体的重大危险源，应当配备一套气密型化学防护服

193. 防止火灾的基本方法和手段是：有效地管理好可燃物，控制火源，避免（　）。

A. 爆炸物　　B. 可燃物

C. 助燃物　　D. 有毒物

194. 下列关于班组长安全管理工作方法，正确的是（　）。

A. 树立正确的科学安全管理观

B. 建立“全员、全过程、全方位”安全管理网络

C. 抓好班组基础和现场安全管理

D. 辨识控制危险源，消除习惯性违章

195. 基于风险的原则是各单位应针对所辖生产经营范围内的各项业务进行风险评估，在对自身资源和应对突发事件能力正确认知的基础上，确定相应的（　）和（　）。

A. 综合应急预案　　B. 总体应急预案

C. 专项应急预案　　D. 现场处置方案

196. 单位对事故隐患应及时组织整改，做到（　）落实，实现闭环管理。

A. 责任　　B. 措施

C. 资金　　D. 时间

E. 预案

197. 生产过程中对皮肤伤害的因素主要包括（　）。

A. 高温　　B. 低温

C. 紫外线　　D. 化学物质

198. 突发事故是由于（　）引起的灾害性事件。

A. 人的不安全行为　　B. 物的不安全状态

C. 自然灾害地震

199. 异常处置“三原则”包括（　）。

A. 停止　　B. 呼叫

C. 自行解决　　D. 等待

200. 目视管理的作用有（　）。

A. 防患未然　　B. 防止失误

C. 自主管理　　D. 保证质量

E. 营造氛围

201. 危险点微观控制技术措施包括（　）。

A. 预警提醒和监护　　B. 整改措施

C. 组织措施　　D. 安全技术措施

202. 班组长对班组安全生产工作负有（　）职责。

A. 组织制定班组安全生产规章制度和操作规程

B. 督促、检查班组的安全生产工作，及时消除生产安全事故隐患

C. 组织制定并实施班组的生产安全事故应急救援预案

D. 及时、如实报告生产安全事故

203. 下列应当视同工伤的是（　）。

A. 在工作时间和工作岗位，突发疾病死亡或者在 48 小时之内经抢救无效死亡的

B. 在抢险救灾等维护国家利益、公共利益活动中受到伤害的

C. 醉酒导致伤亡的

D. 职工原在军队服役，因战、因公负伤致残，已取得革命伤残军人证到用人单位后旧伤复发的

判断题

1. 发生事故或未遂事故，班组长要立即报告领导，不得隐瞒，并保护现场，积极参加抢救。(　)

A. 正确　　B. 错误

2. 安全技术培训坚持“教考分离”的原则。(　)

A. 正确　　B. 错误

3. 保护接地适用于各种中性点不接地电网。(　)

A. 正确　　B. 错误

4. 没有生产活动，安全工作就失去了意义；没有安全工作，生产活动就不能顺利进行。生产必须安全，安全是为了促进生产。(　)

A. 正确　　B. 错误

5. 动火作业前应进行安全分析，制定安全防范措施，办理危险作业许可证，相关主管人员确认签字后方可动火作业。(　)

A. 正确　　B. 错误

6. 生产经营单位为员工提供劳动防护用品时，可根据情况采用货币或其他物品替代。(　)

A. 正确　　B. 错误

7. 高处作业人员在作业过程中，应随时检查安全带是否拴牢，高处作业人员在转移作业位置时不准失去安全保护。(　)

A. 正确　　B. 错误

8. 本质安全是指生产过程中，追求不出事故。(　)

A. 正确　　　　　　　　　　B. 错误

9. 设备缺陷是指运行及备用中的设备或系统以及生产设施发生的影响人身和设备安全、设备经济运行以及文明生产等现象。(　)

A. 正确　　　　　　　　　　B. 错误

10. 安全生产责任制是一项最基本的安全生产制度，是其他各项安全规章制度得以切实实施的基本保证。(　)

A. 正确　　　　　　　　　　B. 错误

11. 环境保护通俗地说就是环境卫生。(　)

A. 正确　　　　　　　　　　B. 错误

12. 监督检查不得影响被检查单位正常的生产经营活动，监督检查不能在没有根据的情况下随意地查封或责令停产停业。(　)

A. 正确　　　　　　　　　　B. 错误

13. 工作现场工作人员严格执行保证安全的组织、技术措施要求。(　)

A. 正确　　　　　　　　　　B. 错误

14. “安全第一，预防为主，综合治理”是我国的安全生产方针。(　)

A. 正确　　　　　　　　　　B. 错误

15. 施工现场应编制应急现场处置方案，配备应急医疗用品和器

材等，施工车辆宜配备医药箱，并定期检查其有效期限，及时更换补充。(　　)

A. 正确　　　　B. 错误

16. 对于现场泄漏物应及时进行覆盖、收容、稀释、处理。(　　)

A. 正确　　　　B. 错误

17. 担任高处作业的人员必须身体健康，患有精神病、癫痫病及经医师鉴定患有高血压、心脏病等不宜从事高处作业病症的人员，不准参加高处作业。(　　)

A. 正确　　　　B. 错误

18. 工人不仅有安全生产监督权、不安全状况停止作业权、接受安全教育培训权，而且还享有安全生产知情权。(　　)

A. 正确　　　　B. 错误

19. 清除钻孔内金属碎屑时，应先停止钻头的转动，可以用手直接清除金属碎屑。(　　)

A. 正确　　　　B. 错误

20. 风险分级管控基本原则是：风险越大，管控级别越高；上级负责管控的风险，下级可以不负责管控。(　　)

A. 正确　　　　B. 错误

21. 立模时不得在脚手架上堆放大批模板材料。(　　)

A. 正确　　　　B. 错误

22. 一般性作业项目的“危险因素控制措施卡”，由工作负责人填

写，交班长审核，经车间指定的专业技术人员或工作票签发人审查批准，并分别签名后执行。(　)

A. 正确　　B. 错误

23. 企业要制定安全事件管理制度，加强未遂事故等安全事件(包括生产事故征兆、非计划停车、异常工况、泄漏、轻伤等)的管理。(　)

A. 正确　　B. 错误

24. 本质安全是指管理人员通过设计等方法使生产设备或生产系统本身具有安全性，即使在发生误操作或故障的情况下也不会出现事故。本质安全是生产中“预防为主”思想的根本体现，也是安全生产的最低境界。(　)

A. 正确　　B. 错误

25. 企业应建立健全事故隐患排查与治理档案，建立健全各类隐患排查与治理记录。(　)

A. 正确　　B. 错误

26. 对烧伤人员的急救应迅速扑灭伤员身上的火，尽快脱离火源。(　)

A. 正确　　B. 错误

27. 在安全检查中，检查人、报告人对于隐患整改情况要跟踪，要对结果负责，不能报告完就了事，要有闭环意识。(　)

A. 正确　　B. 错误

28. 施工作业必须执行安全施工作业票和安全交底制度。(　　)

A. 正确　　　　　　B. 错误

29. 工人操作设备时，应该站在工作台的前面。(　　)

A. 正确　　　　　　B. 错误

30. 任何人发现有违反本规程的情况，应立即制止，经纠正后才能恢复作业，各类作业人员有权拒绝违章指挥和强令冒险作业。(　　)

A. 正确　　　　　　B. 错误

31. 开展未遂事件的管理可有效预防一般及以上生产安全事故发生。(　　)

A. 正确　　　　　　B. 错误

32. 所有发承包工程，都必须依法签订合同和安全协议，明确双方各自承担的安全责任，并经安全监督部门审查。(　　)

A. 正确　　　　　　B. 错误

33. 作业顺序指的是作业者能最有效率地生产合格品的、可重复的作业顺序。(　　)

A. 正确　　　　　　B. 错误

34. 企业在选择风险控制措施时应考虑：(1) 可行性；(2) 安全性；(3) 可靠性。(　　)

A. 正确　　　　　　B. 错误

35. 工人操作机械设备时穿着的“三紧”工作服是指袖口紧、领

口紧、下摆紧。(　)

A. 正确　　B. 错误

36. 安全生产工作是企业管理的一个重要组成部分。(　)

A. 正确　　B. 错误

37. 安全检查对象包括隐患、违章两个方面。(　)

A. 正确　　B. 错误

38. 生产中事故的预防和处理都是较为重要的工作，都必须重点去抓，不能有主次之分。(　)

A. 正确　　B. 错误

39. 巡回检查时不仅要查设备，也要查安全设施是否完整齐全。(　)

A. 正确　　B. 错误

40. 劳动者可以选择用人单位所在地或劳动者的经常居住地的职业病诊断机构进行诊断。(　)

A. 正确　　B. 错误

41. 风险点通常指风险存在的部位，又称危险源。(　)

A. 正确　　B. 错误

42. 临时工安全管理和事故统计、考核等同于固定职工。(　)

A. 正确　　B. 错误

43. 任何单位或个人对事故隐患或者安全生产违法行为，有权向负有安全生产监督管理职责的部门报告或举报。(　)

A. 正确　　　　B. 错误

44. 车辆未停稳时，禁止上下和装卸物料，所装物料要加垫和绑牢。(　)

A. 正确　　　　B. 错误

45. 长时间采用不恰当的姿势会使肌肉受损。(　)

A. 正确　　　　B. 错误

46. 各类作业人员应被告知其作业现场和工作岗位存在的危险因素、防范措施及事故紧急处理措施。(　)

A. 正确　　　　B. 错误

47. 班组在进行事故风险评估时，需要考虑危害的重大程度和危害发生的可能性，并据此作出危害防范与应对策略。(　)

A. 正确　　　　B. 错误

48. 为了加强与员工的沟通，应该提倡“四解”，即了解、理解、谅解及和解。(　)

A. 正确　　　　B. 错误

49. 故障抢修方案应按照相应风险等级要求组织编审批，抢修工作结束前完成即可。(　)

A. 正确　　　　B. 错误

50. 吊运有棱角的物体时，在棱角处应对钢丝绳进行防护，以免割断钢丝绳。(　)

A. 正确　　　　B. 错误

51. 特种设备可以随意使用。(　)

A. 正确　　B. 错误

52. 设备异常是指运行及备用中的设备参数偏离了标准值但是尚未发生事故障碍，也够不上Ⅰ、Ⅱ、Ⅲ类缺陷的现象。(　)

A. 正确　　B. 错误

53. 违反安全规程或违章称为行为危险点或静态危险点。(　)

A. 正确　　B. 错误

54. 事故抢救过程中应不顾一切积极抢救。(　)

A. 正确　　B. 错误

55. 完成工作许可手续后，工作负责人应向工作班成员交代工作内容、人员分工、带电部位和现场安全措施，进行危险点告知，并履行确认手续。(　)

A. 正确　　B. 错误

56. 在带电设备周围严禁使用钢卷尺进行测量工作。(　)

A. 正确　　B. 错误

57. 挖坑时，应及时清除坑口附近浮土、石块，坑边禁止外人逗留。在超过 1.5 米深的基坑内作业时，向坑外抛掷土石应防止土石回落坑内。作业人员不得在坑内休息。(　)

A. 正确　　B. 错误

58. 应急队伍管理应该满足专业负责、统一管理的要求。(　)

A. 正确　　B. 错误

59. 进入污水管道作业，必须做好通风、有毒气体检测、个人防护、安全监护及救援等防护措施。(　)

A. 正确　　B. 错误

60. 进入施工现场，必须戴好安全帽，禁止穿拖鞋或光脚，高空作业人员必须系安全带。(　)

A. 正确　　B. 错误

61. 对职工进行安全教育是安全部门的事情，与企业负责人无关。(　)

A. 正确　　B. 错误

62. 生产经营单位应当在有较大危险因素的生产经营场所和有关设施、设备上，设置明显的标志。(　)

A. 正确　　B. 错误

63. 由异常原因引起的突发问题，不适合作为改善课题。(　)

A. 正确　　B. 错误

64. 毒害品指进入人（动物）机体后，累积达一定的量，能与体液和组织发生生物化学作用或生物物理作用，扰乱或破坏机体的正常生理功能，引起暂时或持久性的病理改变，甚至危及生命的物品；毒害品分为剧毒品和有毒品。(　)

A. 正确　　B. 错误

65. 任何人发现火灾时，都应当立即报告车间主管。(　)

A. 正确　　B. 错误

66. 班组长必须掌握各类事故的应急处理措施，以减少事故范围及损失的扩大。(　)

A. 正确　　B. 错误

67. 使用手锤钉牢铁钉时，手锤不可向有人的方向挥击。(　)

A. 正确　　B. 错误

68. 一张施工作业票可包含最多一项三级及以上风险作业和多项四级、五级风险作业，按其中最低的风险等级确定作业票种类。(　)

A. 正确　　B. 错误

69. 在坡度大于 25 度的屋面上操作，应有防滑梯、护身栏等防护措施。(　)

A. 正确　　B. 错误

70. 员工在工作时间和工作场所内，因工作原因受到事故伤害的，应当认定为工伤；员工在上下班途中，受到机动车事故伤害的，不应当认定为工伤。(　)

A. 正确　　B. 错误

71. 作业环境中的危险点称为设备固有危险点或动态危险点。(　)

A. 正确　　B. 错误

72. 发生火灾时，首先要保证自身安全。(　)

A. 正确　　B. 错误

73. 在一些企业生产和工程建设承包中，发包人（甲方）与承包人（乙方）签订伤亡事故合同时，规定若发生伤亡事故，由乙方自行负责，甲方只赔偿一定的费用。这种合同是无效的，但经过主管部门批准或公证后有效。(　　)

A. 正确　　　　B. 错误

74. 电气工具和用具的电线不准接触热体，不要放在湿地上，并避免载重车辆和重物压在电线上。(　　)

A. 正确　　　　B. 错误

75. 不安全行为是指能够造成事故的人为错误。(　　)

A. 正确　　　　B. 错误

76. 在进行高处作业时，如在格栅式的平台上工作，为了防止工具和器材掉落，应采取有效隔离措施，如铺设木板等。(　　)

A. 正确　　　　B. 错误

77. 6 级及以上大风或恶劣天气时，应停止露天高处作业。(　　)

A. 正确　　　　B. 错误

78. 二氧化碳灭火剂最适合扑救易燃液体和易受水、泡沫、干粉等灭火剂侵蚀的固体物质火灾，但此种灭火器不能扑救电器火灾。(　　)

A. 正确　　　　B. 错误

79. 开展虚惊提案的方法是无中生有、小题大做、借题发挥。(　　)

A. 正确　　　　B. 错误

80. 每周至少组织一次员工学习安全生产法律法规知识、岗位安

全操作规程和各项安全管理制度。(　)

A. 正确　　B. 错误

81. 车间每周一次安全日活动，内容要有针对性，录音要完整。(　)

A. 正确　　B. 错误

82. 应急救援工作要求在事故来临时不能和主流媒体联系，避免企业形象受损。(　)

A. 正确　　B. 错误

83. 生产经营单位为了逃避应当承担的事故赔偿责任，在劳动合同中与从业人员订立“生死合同”是非法的、无效的，不受法律保护。(　)

A. 正确　　B. 错误

84. 班组长全面负责本班组安全生产管理工作，是本班组安全生产第一责任人。(　)

A. 正确　　B. 错误

85. 司机在工作中只服从专门指挥人员发出的指挥信号，对其他人发出的紧急停车信号，可以拒绝服从。(　)

A. 正确　　B. 错误

86. 每个岗位制定有规范的安全操作规程或作业指导书，明确每一步操作程序和工作标准；每个员工应熟练掌握生产工序内每项操作，认真执行安全操作规程和各项规章制度。无

冒险蛮干，无违规操作，无违章指挥等现象，杜绝疲劳作业。(　)

A. 正确　　B. 错误

87. 浓度在爆炸上限以上的混合气体可视为是安全的。(　)

A. 正确　　B. 错误

88. 在产生飞溅物的场所作业时，如打磨、焊接作业等，必须戴防护眼镜或防护面具。(　)

A. 正确　　B. 错误

89. 清扫是将现场经过整理留下来的物品有条理地定点、定容器与定量放置，使工作场所一目了然、需用之物随手可取，方便寻找，消除找寻时间，营造一个整齐的工作环境。(　)

A. 正确　　B. 错误

90. 动火作业的安全措施有拆迁法、隔离法、移去可燃物、清洗和置换、动火分析、敞开和通风、准备消防器材和监护。(　)

A. 正确　　B. 错误

91. 全体职工必须在入厂时进行基本急救技能培训、自救与互救知识教育、逃生训练等。(　)

A. 正确　　B. 错误

92. 安全施工方案如需变更，应重新履行审批手续，并组织交底。(　)

A. 正确　　B. 错误

93. 我国的安全生产工作方针是安全第一、预防为主。(　)

A. 正确　　B. 错误

94. 所有工作人员（包括工作负责人）不许单独进入、滞留在高压室内和室外高压设备区内。(　)

A. 正确　　B. 错误

95. 班长遇有险情时应立即上报。(　)

A. 正确　　B. 错误

96. 火灾使人致命的最主要原因是被人踩踏。(　)

A. 正确　　B. 错误

97. 机械维修人员必须经相关专业培训后才能进行维修作业。(　)

A. 正确　　B. 错误

98. 短料开榫，必须加垫板夹牢，用手握料。(　)

A. 正确　　B. 错误

99. 应急准备应包括各应急机构及其职责权限的明确、应急资源的准备、公众教育、应急人员的培训和预案演练。(　)

A. 正确　　B. 错误

100. 依据《安全设施标准》，应在电缆隧道入口处以及储存易燃易爆物品仓库门口处合理配置灭火器等消防器材，在火灾易发生部位设置火灾探测和自动报警装置。(　)

A. 正确　　B. 错误

101.《安全生产法》规定，生产、经营、运输、储存、使用危险物品或者处置废弃危险物品的，由有关主管部门依照有关法律、法规的规定和国家标准或者行业标准审批并实施监督管理。( )

A. 正确　　B. 错误

102. 新参加电气工作的人员、实习人员和临时参加劳动的人员（管理人员、非全日制用工等），应经过安全知识教育后，方可到现场单独工作。( )

A. 正确　　B. 错误

103. 本厂职工假如发现了事故隐患，自己不能清除的，也可以不向上级汇报，等领导发现后再消除。( )

A. 正确　　B. 错误

104. 班组长应对班组安全例会缺席人员返回班组后进行补充安全教育。( )

A. 正确　　B. 错误

105. 依据《安全设施标准》，安全警示线一般采用黄色或与对比色（黑色）同时使用。( )

A. 正确　　B. 错误

106. 电气插座应固定使用，安装牢固、规范，与负荷相匹配，漏电保护符合要求。( )

A. 正确　　B. 错误

107. 用汽车运输气瓶时，气瓶顺车厢纵向放置即可。(　)

A. 正确　　B. 错误

108. 安全生产工作实行管行业必须管安全、管业务必须管安全、管生产经营必须管安全。(　)

A. 正确　　B. 错误

109. 怀疑有胸、腰椎骨折的病人，搬运时，可以采用一人抬头、一人抬腿的方法。(　)

A. 正确　　B. 错误

110. 根据“两票三制”规定，在同一电气连接部分用同一张工作票依次在几个工作地点转移工作时，全部安全措施由运维人员在开工前一次做完，不需再办理转移手续。(　)

A. 正确　　B. 错误

111. 凡列入年度、月度、周生产计划的技改、大修、检验及设备日常例行巡视等应使用标准作业指导书，临时性检修宜采用作业指导书。(　)

A. 正确　　B. 错误

112. 操作者发现直接危及人身安全的紧急情况时，可以边作业边报告班组长。(　)

A. 正确　　B. 错误

113. 标注安全颜色是防止事故发生措施中既简单成本又低的办法。(　)

A. 正确　　　　B. 错误

114. 安全卫生管理要贯穿到日常工作中。(　)

A. 正确　　　　B. 错误

115. 劳动防护用品不同于一般的商品，直接涉及劳动者的生命安全和身体健康，故要求其必须符合国家标准。(　)

A. 正确　　　　B. 错误

116. 使用钻床、抡大锤工作操作时严禁戴手套或单手抡大锤，周围不准有人靠近。(　)

A. 正确　　　　B. 错误

117. 梯子应坚固完整，有防滑措施，梯子的支柱应能承受作业人员及其所携带的工具、材料攀登时的总重量。(　)

A. 正确　　　　B. 错误

118. 公安消防机构无权在火灾扑灭后封闭火灾现场。(　)

A. 正确　　　　B. 错误

119. 在易燃易爆区域动火，必须执行动火审批制度。(　)

A. 正确　　　　B. 错误

120. 机械在运行中可以测量工件尺寸。(　)

A. 正确　　　　B. 错误

121. 危险源就是可能导致事故发生的设备。(　)

A. 正确　　　　B. 错误

122. 应急控制通过应急演练、培训等措施，确认和提高相关人员

的应急能力，以防止和减少安全生产不良后果。(　)

A. 正确　　B. 错误

123. 电流为50毫安时，称为致命电流。(　)

A. 正确　　B. 错误

124. 安全习惯是安全风气和安全态度的直接结果，是安全行为的倾向和表现，直接反映安全意识的高低。(　)

A. 正确　　B. 错误

125. 劳动防护用品就是劳动者在劳动过程中为防御物理、化学、生物等有害因素伤害人体而穿戴和配备的各种物品的总称。(　)

A. 正确　　B. 错误

126. 在交接班过程中发生事故或异常情况时，原则上应由接班人员负责处理，但交班人员可以主动协助处理。(　)

A. 正确　　B. 错误

127. 突然停电而使生产作业暂时停止，人和物都没有受到伤害和损失，所以不能称为事故。(　)

A. 正确　　B. 错误

128. 可以通过对他人的作业行为进行观察，与他人进行沟通互动，对他人的行为管理，进而改变他人的安全态度和安全行为。(　)

A. 正确　　B. 错误

129. 生产经营单位负责人要及时如实报告生产安全事故。(　)

A. 正确　　B. 错误

130. 班组安全管理要遵循“五同时”原则，即在计划、布置、检查、总结、评比生产工作的同时，要计划、布置、检查、总结、评比安全工作。(　)

A. 正确　　B. 错误

131. 根据“两票三制”规定，工作期间，工作负责人若因故暂时离开工作现场时，应指定能胜任的人员临时代替，离开前应将工作现场交代清楚，并告知工作许可人。(　)

A. 正确　　B. 错误

132. “三检”分为自检、互检、专检。(　)

A. 正确　　B. 错误

133. 各项工作中能够始终坚持“五同时”，在布置生产工作时，组织进行危险点分析，布置安全措施。(　)

A. 正确　　B. 错误

134. 在事故类别中，火灾指造成人身伤亡的火灾事故。(　)

A. 正确　　B. 错误

135. 上岗前 2 小时及工作时禁止饮酒。(　)

A. 正确　　B. 错误

136. 物料离心时，可以把大块物料未经敲碎放进转鼓进行离心。(　)

A. 正确　　B. 错误

137. 危险源是指可能导致人员伤害和健康损害、物质财产损失、工作环境破坏或这些情况组合的根源或状态因素。(　)

A. 正确　　B. 错误

138. 危险源辨识是识别危险源的存在并确定其特性的过程。(　)

A. 正确　　B. 错误

139. 落实上级下达的“两措”计划是班组长的安全职责之一。(　)

A. 正确　　B. 错误

140. 安全教育制度不是班组安全管理的基本制度之一。(　)

A. 正确　　B. 错误

141. 两个以上生产经营单位在同一作业区域内进行可能危及对方安全生产的生产经营活动，未签订安全生产管理协议或者指定专职安全生产管理人员进行安全检查与协调的，责令限期改正；逾期未改正的，责令停产停业。(　)

A. 正确　　B. 错误

142. 危险因素是指使人造成伤亡或对事物造成突发性损害的因素。(　)

A. 正确　　B. 错误

143. 发现并处理拒爆时，必须在班组长指挥下进行处理，并应在当班处理完毕。(　)

A. 正确　　　　　　B. 错误

144. 员工事件是指员工工作时受到伤害，需要由专业医生或有资质的医护人员进行处理，但不影响员工下一班次工作的伤害事件。(　)

A. 正确　　　　　　B. 错误

145. 安全检查应包括日常检查、定期检查、专业检查和联合检查。(　)

A. 正确　　　　　　B. 错误

146. 加工工件钻孔时，可以用手拿工件进行作业。(　)

A. 正确　　　　　　B. 错误

147. 企业应依次按照工程控制措施、安全管理措施、个体防护措施以及应急措施等四个逻辑顺序对每个风险点制定精准的风险控制措施。(　)

A. 正确　　　　　　B. 错误

148. 安全第一的思想就是要求在进行生产的时候，把安全工作放在首位，作为头等大事来抓。(　)

A. 正确　　　　　　B. 错误

149. 前后车距在平地上不得少于 2 米，在下坡时不得少于 10 米。(　)

A. 正确　　　　　　B. 错误

150. 挖掘土方应由上而下，逐层挖掘。(　)

A. 正确　　B. 错误

151. 从业人员对违章指挥、强令冒险作业有拒绝权。(　)

A. 正确　　B. 错误

152. 使用推土机、压路机等施工机械进行填土、平整场地等可能对地下隐蔽设施产生影响的作业不属于动土作业。(　)

A. 正确　　B. 错误

153.《安全生产法》规定，生产经营单位必须对安全设备进行经常性维护、保养，并定期检测，保证正常运转。(　)

A. 正确　　B. 错误

154. 风险点是指风险伴随的设施、部位、场所和区域，以及在特定设施、部位、场所和区域实施的伴随风险的作业过程，或以上两者的组合。(　)

A. 正确　　B. 错误

155. 物质的燃点越低，越不容易引起火灾。(　)

A. 正确　　B. 错误

156. 所有现场人员必须熟练掌握触电急救；所有职工必须掌握消防器材的使用方法。(　)

A. 正确　　B. 错误

157. 在事故树中，矩形符号用来表示顶上事件和中间事件。(　)

A. 正确　　B. 错误

158. 救护者不要慌张地冲进煤气浓度很高的室内或区域中，防止

自己中毒。(　　)

A. 正确　　　　B. 错误

159. 在一般作业场所（包括金属构架上），应使用Ⅱ类电动工具（带绝缘外壳的工具）。(　　)

A. 正确　　　　B. 错误

160. 虚惊提案管理流程是收集、填写、改善、共享、激励。(　　)

A. 正确　　　　B. 错误

161. 易燃液体在生产过程中为了缩短时间，可以一下开大蒸汽，让物料突然升温。(　　)

A. 正确　　　　B. 错误

162. 用手推车装运物料应注意平衡，掌握重心，注意车距。(　　)

A. 正确　　　　B. 错误

163. 负有安全生产监督管理职责的部门对检查中发现的隐患，有权责令生产经营单位立即采取措施予以排除；对重大的、危及人身安全的事故隐患，有权责令其停产停业。(　　)

A. 正确　　　　B. 错误

164. 现场的危害点是相对于其他作业地点更易产生职业病、更具危害性的作业地点。(　　)

A. 正确　　　　B. 错误

165. 在电话下达许可开始工作的命令时，工作许可人及工作负责人应记录清楚明确，并复诵核对无误。(　　)

A. 正确　　　　B. 错误

166. 在产品吊装作业时，可由两人分别站在产品两侧进行吊装指挥。(　)

A. 正确　　　　B. 错误

167. 防止毒物危害的最佳方法是使用无毒或低毒的替代品。(　)

A. 正确　　　　B. 错误

168. 单相电源切断了一根电线，就是切断了电源。(　)

A. 正确　　　　B. 错误

169. 大锤及手锤的柄应用整根的硬木制成，也可用大木料劈开制作，但不能用其他材料替代，应装得十分牢固，并将头部用楔栓固定。(　)

A. 正确　　　　B. 错误

170. 在梯子上工作时，梯与地面的倾斜角度为70度～80度。(　)

A. 正确　　　　B. 错误

171. 在一定的时间内毒物的挥发性越大，毒性越小。(　)

A. 正确　　　　B. 错误

172. 灭火器上的压力表用红、黄、绿三色表示灭火器的压力情况，当指针指在黄色区域时表示压力偏低。(　)

A. 正确　　　　B. 错误

173. 事故致因因素包括人的因素、物的因素、环境因素和管理因

素四个方面。(　)

A. 正确　　B. 错误

174. 危险因素控制措施表册的主要内容包括:(1)以车间、班组为单位,按不同专业列出经常从事的作业项目;(2)由各专业针对作业内容、工作环境、作业方法、使用的工器具、设备状况和劳动保护的特点以及以往事故经验教训,分析并列出人身伤害的类型和危险因素;(3)对每个危险因素都要制定相应的控制措施,每项措施均应符合《规程》的规定和标准化、规范化的要求;(4)明确监督责任人。(　)

A. 正确　　B. 错误

175. 危险化学品的存放应按其特性,分类、分架、分批次存放;严禁爆炸性物质与其他任何物质同库存放。(　)

A. 正确　　B. 错误

176. 每级安全教育的时间间隔不能太长,原则上不得超过四天(节假日顺延)。(　)

A. 正确　　B. 错误

177. 对触电人员首先采用的方法是使其脱离电源。(　)

A. 正确　　B. 错误

178. 施工单位拟订风险公示图,实行全员、全过程、全项目检查的"三全"检查制度。(　)

A. 正确　　B. 错误

179. 违章分为行为性违章和装置性违章。(　)

A. 正确　　B. 错误

180. 劳动保护用品包含安全头盔、耳塞、保护眼镜、口罩、护腕、手套、安全鞋。(　)

A. 正确　　B. 错误

181. 班组长应该自己负责班组的安全生产。(　)

A. 正确　　B. 错误

182. 建立班组安全生产绩效奖惩机制，即把企业安全生产控制目标层层分解落实到班组，以安全责任书形式签订到个人，实行岗位安全绩效与个人经济收入相对应的分配制度，严格考核，奖惩兑现。(　)

A. 正确　　B. 错误

183. 实施现场标准化作业必须坚持“安全第一、预防为主、综合治理”的方针，符合安全生产保证体系和安全生产监督体系的要求。(　)

A. 正确　　B. 错误

184. 工序能力表是表示各工序加工零件的生产能力的表。表中填入手工作业时间、机械的自动加工时间、工具安装和转换间隔，以及手动工作的时间。(　)

A. 正确　　B. 错误

185. 危险源的存在条件是指危险源所处的物理、化学状态。(　)

A. 正确　　　　　　B. 错误

186. 高处作业人员要根据实际需要佩戴安全帽、安全带和有关劳动防护用品。(　)

A. 正确　　　　　　B. 错误

187. 使用电气工具时，禁止提着电气工具的导线或转动部分。(　)

A. 正确　　　　　　B. 错误

188. 所有的危险点都有必然会转变为现实的危害，导致事故的发生。(　)

A. 正确　　　　　　B. 错误

189. 危险源辨识、风险评价和风险控制的策划是职业健康安全管理体系的重要因素。(　)

A. 正确　　　　　　B. 错误

190. 班组安全检查可分为定期检查、突击检查、专项检查等多种类型。(　)

A. 正确　　　　　　B. 错误

191. 火灾造成人员死亡的主要原因是吸入有毒烟气。(　)

A. 正确　　　　　　B. 错误

192. 危险预知训练活动是针对生产特点和作业全过程，以危险因素为对象，以作业班组为团队开展的一项安全教育和训练活动，它是一种群众性的“自主管理”活动，目的是控制作业

过程中的危险，预测和预防可能出现的事故。(　)

A. 正确　　B. 错误

193. 某单位购买消防器材、更新除尘系统属于安全生产投入。(　)

A. 正确　　B. 错误

194. 作业前 10 分钟内，应对受限空间进行气体采样分析，分析合格后方可进入；如现场条件不允许，时间可适当放宽，但不应超过 60 分钟。(　)

A. 正确　　B. 错误

195. 承发包工程采取“双签发”时，工作票签发人的职责全部由设备运维单位承担。(　)

A. 正确　　B. 错误

196. 环境是一个隐性却又强大的激励因素。(　)

A. 正确　　B. 错误

197. 脚手架、安全网要由持证架子工搭设安装，并经专业人员或工作领导人验收认证合格后方可使用。(　)

A. 正确　　B. 错误

198. 挖掘土方严禁采用掏洞的操作方法。(　)

A. 正确　　B. 错误

199. 工作人员的劳动防护用品应当合格、齐备。(　)

A. 正确　　B. 错误

200. 组织班组人员参加急救培训，做到人人能进行现场急救是班组长的安全职责。(　)

A. 正确　　B. 错误

201. 职工在安全生产的权利和义务上互保的对象所承担的责任是平等和一致的，各车间职工入厂后必须签订《安全互保协议书》，由各车间存档备查。(　)

A. 正确　　B. 错误

202. 按照突发事件发生的紧急程度、发展势态和可能造成的危害程度分为一级、二级、三级和四级，分别用红色、橙色、黄色和蓝色标示，一级为最高级别。(　)

A. 正确　　B. 错误

203. 追控时应采取激励和处罚相结合的强化激励手段。(　)

A. 正确　　B. 错误

204. 岗位作业人员应该在考虑安全的情况下坚持“质量第一”。(　)

A. 正确　　B. 错误

205. 严禁攀登吊运中的物件，严禁在吊物下行走或逗留。(　)

A. 正确　　B. 错误

206. 安全生产确认制中的“三确”是确认、确信、确实的统称，即在每次操作或动作前对于操作或动作的要求，必须做到确实认定、确实可靠、确实准确地执行。(　)

A. 正确　　　　　　　　　B. 错误

207. 事故应急预案在应急系统中并不起关键作用。(　)

A. 正确　　　　　　　　　B. 错误

208. 人的不安全行为和物的不安全状态是造成安全生产事故的基本因素。(　)

A. 正确　　　　　　　　　B. 错误

209. 允许查评人以个人经验代替或变更查评依据，使安全性评价更加具体化。(　)

A. 正确　　　　　　　　　B. 错误

210. 所有新入企业人员，上岗前必须经过三级安全教育培训，经考试合格，方可进入生产现场。(　)

A. 正确　　　　　　　　　B. 错误

211. “ABC 干粉灭火器”的意思是能灭 A 类、B 类和 C 类火灾的灭火器。(　)

A. 正确　　　　　　　　　B. 错误

212. 员工发现直接危及人身安全的紧急情况时，可以边作业边报告本单位负责人。(　)

A. 正确　　　　　　　　　B. 错误

213. 认为是轻的病、很小的伤、感觉不适，不必向上级报告。(　)

A. 正确　　　　　　　　　B. 错误

214. 应急指挥中心是本单位应急管理最高领导机构。(　　)

A. 正确　　　　B. 错误

215. 在班组安全管理过程中，应明确工作任务，强化岗位培训，开展隐患排查，加强安全检查，分析事故风险，铭记防范措施并严格落实到位。(　　)

A. 正确　　　　B. 错误

216. 隐患治理方案应包括目标和任务、方法和措施、经费和物资、机构和人员、时限和要求。重大事故隐患在治理前应采取临时控制措施并制定应急预案。(　　)

A. 正确　　　　B. 错误

217. 严禁吊钩从人头上方通过或停留，应使吊钩沿吊运安全通道移动。(　　)

A. 正确　　　　B. 错误

218. 季节性安全大检查每年必须至少开展两次。(　　)

A. 正确　　　　B. 错误

219. 危险点是诱发事故的根源，而事故的发生则是危险点演变的必然结果。(　　)

A. 正确　　　　B. 错误

220. 各单位每季度应定期检查和督促安全性评价部门整改计划完成情况。(　　)

A. 正确　　　　B. 错误

221. 有毒有害工位要正确佩戴本工位的劳保用品并且定期更换。(　)

A. 正确　　B. 错误

222. 标准书（卡）对检修全过程中的每个工作环节，都明确了责任人，并严格履行签字手续，从组织形式上严格控制检修质量。(　)

A. 正确　　B. 错误

223. 职业病危害因素侵入人体的主要途径有呼吸道、皮肤、消化道。(　)

A. 正确　　B. 错误

224. 标准手持是预备库存，目的是在非常时刻使用。(　)

A. 正确　　B. 错误

225. 安全生产监督检查的最终目的之一就是保证生产经营单位不出或者少出事故。(　)

A. 正确　　B. 错误

226. 预测控制管理系统要求充分发挥党政工团民主管理作用、职能科室参谋作用、QC 小组的攻关解难作用、安全员的防范控制作用。(　)

A. 正确　　B. 错误

227. 工作票应用黑色或蓝色的钢（水）笔或圆珠笔填写与签发，一式两份，内容应正确，填写应清楚，不得任意涂改。(　)

A. 正确　　　　　　　　B. 错误

228. 严格落实班前会和交接班制度。坚持“一班三检”班前、班中、班后和班前危险预知制度，有异常情况应及时告知处理。班前会结合当天工作任务，做好危险点分析，布置安全措施，交代注意事项；班后会总结讲评当班工作和安全情况并作好记录。(　　)

A. 正确　　　　　　　　B. 错误

229. 安全生产违法行为轻微并及时纠正，没有造成危害后果的，可不予行政处罚。(　　)

A. 正确　　　　　　　　B. 错误

230. 应急救援是一种针对可能发生的事故，做好预案、准备物资、提前演练，从而消灭事故的管理机制。(　　)

A. 正确　　　　　　　　B. 错误

231. 消防器材的配备、使用、维护，消防通道的配置等应遵守 DL5027 的规定。(　　)

A. 正确　　　　　　　　B. 错误

232. 可移动式电动工具的电源线一般不超过 2 米，使用时不应跨越安全通道，配线及插头应符合安全要求。(　　)

A. 正确　　　　　　　　B. 错误

233. 检修工作标准书（卡）涵盖了检修工序卡与“三大”（组织、技术、安全）措施，解决了以往三大措施针对性差、操作性

不强、工作与措施脱节的问题。(　)

A. 正确　　B. 错误

234. 上下梯子时，可以背对梯子，手持器物。(　)

A. 正确　　B. 错误

235. 特种高危作业人员必须经过专门安全作业培训，取得特种作业操作资格证书后方可上岗作业。(　)

A. 正确　　B. 错误

236. 熟悉工作内容、工作流程、掌握安全措施、明确工作中的危险点，并履行确认手续，是班组成员的安全责任之一。(　)

A. 正确　　B. 错误

237. 如果有化学品进入眼睛，应立即用干净手帕擦拭。(　)

A. 正确　　B. 错误

238. 如果伤员发生颅脑外伤，应使伤员采取平卧位，保持气道通畅，若有呕吐，应扶好头部和身体，使头部和身体同时侧转，防止呕吐物造成窒息。(　)

A. 正确　　B. 错误

239. 安全生产领导小组是风险预测预警的责任部门，负责确定本单位内部风险预测预警的目标，组织本单位的风险预测预警和风险控制工作。(　)

A. 正确　　B. 错误

240. 企业依法参加工伤保险，为从业人员缴纳保险费，是其法定

义务。(　)

A. 正确　　B. 错误

241. 在安全管理工作中一定要克服“重硬件轻软件、重形式轻内容、重眼前得失轻长远利益”等认识上的偏差。(　)

A. 正确　　B. 错误

242. 风险作业过程管控，可以不开具施工作业票开展风险作业。(　)

A. 正确　　B. 错误

243. 按照节拍来进行生产，基本达到准时化的要求，生产速度与销售速度可以不一致。(　)

A. 正确　　B. 错误

244. 纠正改进是持续改进工会群众安全监督检查工作的重要办法或手段。(　)

A. 正确　　B. 错误

245. 各种车辆包括厂内机动车辆在通过交叉路口或行人稠密地段、油库路段、生活区内、装载易燃易爆物品转弯掉头和出入厂门、车间、库房门时，时速不得超过 5 千米。(　)

A. 正确　　B. 错误

246. 火灾发生的原因有生活用火不慎；小孩玩火；违反电器安装使用安全规定；违反安全操作规程；吸烟；自燃；放火；其他原因如雷击、地震。(　)

A. 正确　　　　　　　　B. 错误

247. 我国《职业病目录》中职业病的名单有 10 类 132 种职业性疾病。(　)

A. 正确　　　　　　　　B. 错误

248. 我国实行事故行政责任追究法律制度。(　)

A. 正确　　　　　　　　B. 错误

249. 预防为主是安全生产方针的内容。(　)

A. 正确　　　　　　　　B. 错误

250. 劳动者自身对工伤的发生有过错的，不能减轻或免除用人单位的赔偿责任。(　)

A. 正确　　　　　　　　B. 错误

251. 岗位安全操作规程的优化流程是：梳理准备—组织梳理—审核批准—实施改善。(　)

A. 正确　　　　　　　　B. 错误

252. 创伤急救过程中，平地搬运时伤员头部在前，上楼、下楼、下坡时头部在下，搬运中应严密观察伤员，防止伤情突变。(　)

A. 正确　　　　　　　　B. 错误

253. 班组现场发生火情时，火灾现场人员应第一时间利用消防设施设备进行扑救，第一时间向厂部领导和安环部门报告，第一时间拨打火警电话报警。(　)

A. 正确　　B. 错误

254. 违反规程造成事故的责任者除了按规定受到处理外，还应学习有关规程，考试合格方可上岗。(　)

A. 正确　　B. 错误

255. 应急预案体系包括综合应急预案、专项应急预案和现场处置预案。(　)

A. 正确　　B. 错误

256. 防雷接地体可选用截面不小于 50 平方毫米、长度不小于 2 米的螺纹钢。(　)

A. 正确　　B. 错误

257. 用户变、配电站的工作许可人应是具有一定经验的高压电气工作人员。(　)

A. 正确　　B. 错误

258. 根据《安全生产法》第一百一十七条规定，特殊危险源，是指长期地或者临时地生产、搬运、使用或者储存危险物品，且危险物品的数量等于或者超过临界量的单元（包括场所和设施）。(　)

A. 正确　　B. 错误

259. KYT 活动的目的是提高员工对危险的感受性、对作业的注意力及解决问题的能力。(　)

A. 正确　　B. 错误

260. 成功开展安全行为观察的关键不仅在于观察，更重要的是在观察之后能够有效地沟通，通过沟通加强好的行为，认识到不安全行为的潜在后果，并予以改进。(　)

A. 正确　　B. 错误

261. 标准作业中作业顺序和工艺顺序必须相同。(　)

A. 正确　　B. 错误

262. 重大风险是指具有发生事故的极大可能性或发生事故后产生严重后果，或者二者结合的风险。(　)

A. 正确　　B. 错误

263. 安全生产教育、培训应坚持“统一规划，归口管理，分级实施，分类指导，教考分离”的原则。(　)

A. 正确　　B. 错误

264. “三违”是指企业职工、管理人员在企业生产中“违章指挥、违章作业、违反劳动纪律”。(　)

A. 正确　　B. 错误

265. 连墙杆与建筑物拉撑的位置，应尽量设置在梁或楼板附近等具有足够的抗水平拉力和压力的结构部位。(　)

A. 正确　　B. 错误

266.《安全生产法》规定，从业人员应当接受安全生产教育和培训，掌握本职工作所需的安全生产知识，提高安全生产技能，增强事故预防和应急处理能力。(　)

A. 正确　　　　　　　　B. 错误

267. 防止人身伤亡事故、减少职业危害是企业安全管理的重要内容。(　)

A. 正确　　　　　　　　B. 错误

268. 当直接灭火无效或不可能时，应封闭火区，而且要先堵回风，后堵进风。(　)

A. 正确　　　　　　　　B. 错误

269. 生产经营单位从业人员不服从管理，违反安全生产规章制度或者安全操作规程的由生产经营单位给予批评教育，依照有关规章制度给予处分；构成犯罪的，依照刑法有关规定追究刑事责任。(　)

A. 正确　　　　　　　　B. 错误

270. 安全生产规章制度应发放到相关工作岗位，并对员工进行培训和考核。(　)

A. 正确　　　　　　　　B. 错误

271. KYT 活动原则：目标——零事故、方法——预知预制、形式——全员参与。(　)

A. 正确　　　　　　　　B. 错误

272. 被毒蛇咬伤后，不要惊慌、奔跑、饮酒，以免加速蛇毒在人体内扩散。(　)

A. 正确　　　　　　　　B. 错误

273. 库房应保持整洁、干燥、通风。化学试剂库及易燃易爆库，应做好防火、防盗记录。化学品的库房及周围严禁烟火和使用明火。(　)

A. 正确　　　　B. 错误

274. 企业从改善作业环境、劳动条件、预防职业病、加强安全监督管理等方面制订安措计划。(　)

A. 正确　　　　B. 错误

275. 流水线生产不属于大量生产方式。(　)

A. 正确　　　　B. 错误

276. 制定《安全生产法》最重要的目的是制裁各种安全生产违法犯罪行为。(　)

A. 正确　　　　B. 错误

277. 职业病诊断证明书应当由参与诊断的医师共同签署，并经承担职业病诊断的医疗卫生机构审核盖章。(　)

A. 正确　　　　B. 错误

278.《安全生产法》规定：生产经营单位新建、改建、扩建工程项目的安全设施，必须与主体工程同时设计、同时施工、同时投入生产和使用。(　)

A. 正确　　　　B. 错误

279. 皮带转动中，皮带开始进入皮带轮的部位最危险。(　)

A. 正确　　　　B. 错误

280. 应急演练实施过程中的关键步骤是成立组织机构、编制应急演练方案、开展应急演练。(　　)

A. 正确　　B. 错误

281. 禁止在油漆未干的结构或其他物体上进行焊接。(　　)

A. 正确　　B. 错误

282. 责任追究是发现和消除事故隐患、防止事故发生的重要手段。(　　)

A. 正确　　B. 错误

283. 根据电力行业“两票三制”规定，工作票中的“保留或邻近的带电线路、设备”栏、“其他安全措施和注意事项”栏和“其他安全措施和注意事项（由工作负责人或工作许可人填写）”栏，无须填写时允许空白。(　　)

A. 正确　　B. 错误

284. 企业的班组，是生产劳动的直接场所，必须加强劳动保护，搞好安全管理工作。(　　)

A. 正确　　B. 错误

285. 精神上的虚惊事件可分为：急救箱事件、医疗处理事件、限工事件。(　　)

A. 正确　　B. 错误

286. 高处作业、带电作业、爆破作业等危险作业，一定要先办理危险作业审批手续，经批准后才能作业。(　　)

A. 正确　　　　　　　　B. 错误

287. 当作业现场出现异常，可能危及作业人员安全时，作业人员应当停止作业，迅速撤离，不必通知生产单位。(　)

A. 正确　　　　　　　　B. 错误

288. 安全管理制度包括起重机械事故应急救援预案的内容。(　)

A. 正确　　　　　　　　B. 错误

289. 起重机司机在工作前，要对起升机构制动器工作的可靠性进行确认，应做试吊检查工作。(　)

A. 正确　　　　　　　　B. 错误

290. 回填土时，应确认坑槽内无人，方可施工。(　)

A. 正确　　　　　　　　B. 错误

291. 爬行架所设计的连墙螺栓，虽然上部分受拉最强，但必须对所有螺栓按要求紧固，不得减少。(　)

A. 正确　　　　　　　　B. 错误

292. 劳动者在劳动过程中对用人单位管理人员违章指挥无权拒绝执行。(　)

A. 正确　　　　　　　　B. 错误

293. 未经安全生产教育和培训合格的从业人员，不得上岗作业。(　)

A. 正确　　　　　　　　B. 错误

294. 企业要加强现场监督检查，及时发现和查处违章指挥、违章

作业和违反操作规程的行为。发现存在重大隐患，要立即停止供电，并向主要负责人报告。(　)

A. 正确　　B. 错误

295. 入库单、出库单都为两联单，一联传递给主管会计、一联作为仓库的登账依据，按月分类装订成册，编制号码，妥善保存备查。(　)

A. 正确　　B. 错误

296. 精神上虚惊事件可分为：吓一跳事件、异常事件。(　)

A. 正确　　B. 错误

297. 不安全行为和不安全状态为事故的间接原因。(　)

A. 正确　　B. 错误

298. 液压系统中油液的温度越高，系统就越容易产生泄漏。(　)

A. 正确　　B. 错误

299. 从宏观讲，事故发生的原因中，主要的原因是人的不安全行为和物的不安全状态。(　)

A. 正确　　B. 错误

300. 严格班组安全生产定员，班组可设 1 名兼职安全员，协助班组长抓好班组安全管理，班组长不在时，安全员有权安排班组有关人员处理与安全有关的工作。(　)

A. 正确　　B. 错误

301. 立体存放仓库的清洁需派保洁人员每月打扫 1 次。(　)

A. 正确　　　　　　　　B. 错误

302. 高处清理时，不得站在独墙上或建筑物的边沿上操作或行走。(　)

A. 正确　　　　　　　　B. 错误

303. 使用有毒物品作业场所应当设置黄色区域警示线，高毒作业场所应当设置红色区域警示线。(　)

A. 正确　　　　　　　　B. 错误

304. 从业人员在作业过程中应当服从管理，所以对违章指挥仍要服从。(　)

A. 正确　　　　　　　　B. 错误

305. 燃烧的三要素是：可燃物、助燃物、着火源。(　)

A. 正确　　　　　　　　B. 错误

306. 按照《消防法》规定，班组应当每年对班组辖区内消防设施进行一次全面检测，确保完好有效，检测记录应当完整准确。(　)

A. 正确　　　　　　　　B. 错误

307. 应急管理能否成功，在很大程度上取决于是否建立了危机处置机制。(　)

A. 正确　　　　　　　　B. 错误

308. 生产经营单位不得以任何形式与从业人员订立协议，免除或者减轻其对从业人员因生产安全事故伤亡依法应承担的责

任。(　)

A. 正确　　B. 错误

309. 特殊天气使用脚扣和登高板应采取防滑措施。(　)

A. 正确　　B. 错误

310. 完善班组安全生产激励约束机制，认真落实安全责任制，做到坚持“四不放过”原则，防止发生不安全事件。(　)

A. 正确　　B. 错误

311. 班组长的管理工作量相对减少是班组安全管理工作目标之一。(　)

A. 正确　　B. 错误

312. 运石料时严禁从堆下掏取，要小面着车。(　)

A. 正确　　B. 错误

313. 采石、石雕、水泥等粉尘危害行业的作业工人只需佩戴一般卫生口罩就可有效防止尘肺病。(　)

A. 正确　　B. 错误

314. 企业安监部门至少每月一次对部门（车间）、班组的录音文件进行抽查，并填写监督意见。(　)

A. 正确　　B. 错误

315. 昏迷伤员的舌后坠堵塞声门，应用手从下颌骨后方托向前侧，将舌牵出使声门通畅。(　)

A. 正确　　B. 错误

316. 如果发生异常，要靠自己判断对应的设备异常，进行处理。(　)

A. 正确　　B. 错误

317. 班组的基础管理工作主要发生在现场，其工作内容主要包括计划—组织—协调—控制—改进“五步”循环。(　)

A. 正确　　B. 错误

318. 起升机构吊钩上的防绳扣脱钩对安全没有妨碍。(　)

A. 正确　　B. 错误

319. 对容易产生静电的场所，工作人员要穿戴好防静电的工作服和鞋靴工作。(　)

A. 正确　　B. 错误

320. “三不伤害”活动是一项群众性的安全自保、互保、专保、共保活动。(　)

A. 正确　　B. 错误

321. 凡是 2 米以上有可能坠落的高处作业，称为高处作业。(　)

A. 正确　　B. 错误

322. 职能部门的管理人员与生产体系管理目标 S、Q、C、D 无关，目标分解时不需要承担相应指标值。(　)

A. 正确　　B. 错误

323. 使用蛙式打夯机，电源电缆必须完好无损。(　)

A. 正确　　B. 错误

324. 生产经营单位必须依法参加工伤社会保险，为从业人员缴纳保险费。(　　)

A. 正确　　B. 错误

325. 作业现场的 Stop-6 种伤害包含卷压挤入伤（夹伤）、重物砸伤、车辆碰撞、高处坠落、触电、高热物烫伤。(　　)

A. 正确　　B. 错误

326. 员工必须每天开班前检查作业区域是否存在安全隐患，发现问题及时报修或维修。(　　)

A. 正确　　B. 错误

327. 依据严重违章释义，开始工作前，必须履行工作许可程序。(　　)

A. 正确　　B. 错误

328. 脚手架上放砖的高度不准超过三层侧砖。(　　)

A. 正确　　B. 错误

329. 安全管理中的指差确认适用于机动通道。(　　)

A. 正确　　B. 错误

330. 危险化学品在使用和存放过程中必须进行目视管理和 5S 管理。(　　)

A. 正确　　B. 错误

331. 危险性较大的临时性工作，班组应提前制定出书面安全措施，经逐级审查把关并严格落实。(　　)

A. 正确　　B. 错误

332. 工作负责人有查禁违章的义务，及时制止违章行为。(　)

A. 正确　　B. 错误

333. QC 小组活动要求用数据说话，尽管有些数据不可靠，但有数据要比没有数据好。(　)

A. 正确　　B. 错误

334. 抬运和安装预制构件时，可以反抬、反安。(　)

A. 正确　　B. 错误

335. 危险作业实施完成后，应进行现场检查，在确认无安全隐患时，方可恢复原现场，必要时应形成相应的作业过程和检查记录。(　)

A. 正确　　B. 错误

336. 班组长无权力和责任制止无特种作业资格人员进行特殊工种作业。(　)

A. 正确　　B. 错误

337. 做好自查是专家评价的基础，是安全性评价取得实效的关键步骤。(　)

A. 正确　　B. 错误

338. 在特别潮湿的场所，导电良好的地面（金属构架）、锅炉、金属容器内工作的照明电源电压不应超过 12 伏。(　)

A. 正确　　B. 错误

339. 管生产必须管安全。(　)

A. 正确　　B. 错误

340. 班组长进行安全管理需要掌握的安全制度管理的基本技法只有彻底实施 5S 活动一个。(　)

A. 正确　　B. 错误

341. 安全红十字是最常见、最直接的安全管理方法。(　)

A. 正确　　B. 错误

342. 安全生产管理的目标是减少、控制危害和事故，尽量避免生产过程中造成的人身伤害、财产损失、环境污染以及其他损失。(　)

A. 正确　　B. 错误

343. KYT 活动即危险预知活动：K—危险（Kiken），Y—预知（Yochi），T—训练（Training），是针对生产特点和作业全过程，以危险因素为对象，以作业班组为团队开展的一项安全教育和训练活动，它是一种群众性的“自主管理”活动。(　)

A. 正确　　B. 错误

344. 呼吸、心搏骤停者，应先行心肺复苏术，然后再搬运。(　)

A. 正确　　B. 错误

345. 班组是企业组织结构的基石，是连接企业与员工的平台，是企业最活跃的细胞，是企业各项工作的落脚点。(　)

A. 正确　　B. 错误

346. 进入高空作业现场，应戴安全帽，高处作业人员必须使用安全带。(　)

A. 正确　　B. 错误

347. 装卸危险化学品使用的工具应能防止产生火花。(　)

A. 正确　　B. 错误

348. 起重工作应由工作负责人统一指挥；起重机工作时，臂架、吊具、辅具、钢丝绳及重物等与带电体最小距离无须满足安全要求。(　)

A. 正确　　B. 错误

349. 安全管理标准化台账填写要及时、准确、规范、整洁。(　)

A. 正确　　B. 错误

350. 电气上的接地的含义不是指大地，而是指电位为零的地方。(　)

A. 正确　　B. 错误

351. 安全日活动由班组长或班组安全员发言，成员做好学习记录。(　)

A. 正确　　B. 错误

352. 在停电线路工作地段装接地线前，要先验电。(　)

A. 正确　　B. 错误

353. 未为从业人员提供符合国家标准或者行业标准的劳动防护用

品的生产经营单位，责令限期改正；逾期未改正的，责令停止建设或者停产整顿，可以并处10万元以下的罚款；造成严重后果，构成犯罪的，依照刑法有关规定追究刑事责任。(　)

A. 正确　　B. 错误

354. 综合治理是预防和治理事故及职业危害的有效方法，是安全生产的基石，是安全生产工作的重心所在。(　)

A. 正确　　B. 错误

355. 设备保护罩的主要作用是使机器较为美观。(　)

A. 正确　　B. 错误

356. 生产作业前必须对所操作的机械设备、作业环境条件进行全面的检查，确认安全可靠后方能进入岗位作业。(　)

A. 正确　　B. 错误

357. 电伤是指人体的外部受伤，如电弧烧伤，与带电体接触后的皮肤红肿以及在大电流下溶化而飞溅出的金属粉末对皮肤的烧伤等。(　)

A. 正确　　B. 错误

358. 发生工伤事故时，班组长应立即向上一级领导报告，组织抢救并保护好现场，参加事故的调查分析和处理工作。(　)

A. 正确　　B. 错误

359. 高24米以上的脚手架，应在架体整个立面沿长度和高度间

断设置剪刀撑，每个剪刀撑所占的跨度不多于 6 个，且每片架子不应少于 3 道。(　)

A. 正确　　　　B. 错误

360. 起重用钢丝绳发现断股、断丝，吊链发现裂纹，吊钩发现裂纹、明显变形的情况时必须进行更换，以免发生坠落事故。(　)

A. 正确　　　　B. 错误

361. 专责监护人临时离开现场，应指定能胜任的人员代替。(　)

A. 正确　　　　B. 错误

362. 梯子应满足安全要求，距梯顶 1 米处设限高标志，检修专用梯子端部应安装防滑装置，人字梯须具有坚固的铰链和限制开度的拉链。(　)

A. 正确　　　　B. 错误

363. 一个工作负责人不能同时持有多张工作票。(　)

A. 正确　　　　B. 错误

364. 根据公司环境安全管理体系计划，班组危险源、环境因素由各单位班组长组织员工每年识别、更新一次，公司批准后形成班组危险源、环境因素清单。(　)

A. 正确　　　　B. 错误

365. 班组基础建设要以安全生产责任制为主要内容的各项规章制度健全，执行状况良好，实现管理制度化。(　)

A. 正确　　　　　　　　B. 错误

366. 现场规程制度 1 年应复查、修订 1 次，3~5 年要全面修订、审定 1 次。(　)

A. 正确　　　　　　　　B. 错误

367. 吊运重量小于或等于额定起重量 50% 的物件时，最多可以开动两个机构。(　)

A. 正确　　　　　　　　B. 错误

368. 劳动保护在我国也称为劳动安全卫生。(　)

A. 正确　　　　　　　　B. 错误

369. 某企业与从业人员订立的协议中规定，如因员工个人原因造成伤亡事故，由本人承担全部责任。根据《安全生产法》的规定，该企业应承担的法律责任是责令停业整顿和对生产经营单位的安全管理人员处以罚款。(　)

A. 正确　　　　　　　　B. 错误

370. 进入生产现场必须戴安全帽，严禁穿拖鞋、高跟鞋等上班。(　)

A. 正确　　　　　　　　B. 错误

371. 根据生产安全事故造成的人员伤亡或者直接经济损失，事故一般分为特别重大事故、重大事故、较大事故和一般事故。(　)

A. 正确　　　　　　　　B. 错误

372. 新职工入厂后，经过三级安全教育就可以自己顶岗作业，不需要指派熟练工人带领。(　)

A. 正确　　B. 错误

373. 高处作业应一律使用工具袋。(　)

A. 正确　　B. 错误

374. 消防四会是指会报警、会使用消防器材、会扑救初期火灾、会逃生疏散。(　)

A. 正确　　B. 错误

375. 生产工艺纪律中规定，加强明火管理，厂区内不准吸烟。(　)

A. 正确　　B. 错误

376. 对尚未熟悉岗位规程和安全考试不合格者，经领导允许后方可单独操作。(　)

A. 正确　　B. 错误

377. 较大事故，是指造成 3 人以上 10 人以下死亡，或者 10 人以上 50 人以下重伤，或者 1000 万元以上 5000 万元以下直接经济损失的事故。(　)

A. 正确　　B. 错误

378.《安全生产法》规定，有关生产经营单位应当按照规定提取和使用安全生产费用，专门用于改善安全生产条件。(　)

A. 正确　　B. 错误

379. 班组开展危险点分析预控工作，应充分利用长期安全生产实践中的丰富经验，把危险点分析预控与行之有效的安全管理工作结合起来。(　)

A. 正确　　B. 错误

380. 车间内不能吸烟，但可以携带烟火。(　)

A. 正确　　B. 错误

381. 企业在领取安全生产许可证后，仍然应当时刻注意保持安全生产条件，而不得降低安全生产条件。(　)

A. 正确　　B. 错误

382. 设备操作的安全隐患是维修部门负责监管的。(　)

A. 正确　　B. 错误

383. 操作者为了保证自身不受到伤害，最首要的是要遵守安全规定。(　)

A. 正确　　B. 错误

384. 凡在离地面 2 米及以上的地点进行的工作，均为高处作业。凡能在地面上预先做好的工作，都必须在地面上做，尽量减少高处作业。在没有脚手架或在没有栏杆的脚手架上工作及行走，高度超过 2 米时，必须使用安全带或戴安全帽，或采取其他可靠的安全措施。(　)

A. 正确　　B. 错误

385. 在班组安全管理工作中，要制定各岗位、各工种的安全工作程序和工作标准，班组每个岗位、工种和所操作的机电设备、工具应有健全的安全操作规程，做到人手一册，熟练掌握并严格执行。( )

A. 正确 B. 错误

386. 工作前必须检查机械、仪表、工具等，确认完好方准使用。( )

A. 正确 B. 错误

387. 安全管理必须改掉因受利益驱使对事故隐瞒不报、弄虚作假、互相推诿、大事化小小事化了的不良行为。( )

A. 正确 B. 错误

388. 风险分级是指采用科学方法对危险源所伴随的风险进行定量或定性评价，对评价结果进行划分等级。( )

A. 正确 B. 错误

389. 对于本岗位互保职工存在的违章行为不予制止的，按《安全管理制度》的相关条款对双方执行考核。( )

A. 正确 B. 错误

390. 从业人员发觉直接危及人身安全的紧急情形时，有权停止作业或者在采取可能的应急措施后撤离作业场所。( )

A. 正确 B. 错误

391. 监护操作时，特殊情况下操作人在操作过程中可不经监护人同意进行简单的操作。( )

A. 正确　　B. 错误

392. 从业人员应当接受安全生产教育和培训，掌握本职工作所需的安全生产知识，提高安全生产技能，增强事故预防和应急处理能力。(　)

A. 正确　　B. 错误

393. 对被埋压的人员，挖出后应首先清理呼吸道。(　)

A. 正确　　B. 错误

394. 工会组织对用人单位违反职业病防治法律、法规，侵犯劳动者合法权益的行为，有权给予行政处罚。(　)

A. 正确　　B. 错误

395. 用凿子凿坚硬或脆性物体时（如生铁、生铜、水泥等），应戴绝缘手套，必要时装设安全遮栏，以防碎片打伤旁人。(　)

A. 正确　　B. 错误

396. 刨厚度小于 1.5 厘米、长度小于 30 厘米的木材，必须用压板或推棍，禁止用手推进。(　)

A. 正确　　B. 错误

397.《安全生产法》第四十条规定，生产经营单位对重大危险源应当定期检测、评估、监控，并制定应急预案，告知从业人员和相关人员在紧急情况下应当采取的应急措施。(　)

A. 正确　　B. 错误

398. 人的失误和操作不标准是致使事故发生的重要原因。(　)

A. 正确　　B. 错误

399. 禁止使用没有防护罩的砂轮（特殊工作需要的手提式小型砂轮除外），砂轮机的安全罩应完整。(　)

A. 正确　　B. 错误

400. 人机效率提一提是指算出最佳的平衡率，确定最好的物品移动方式。(　)

A. 正确　　B. 错误

401. 使用三足离心机离心时，为了让离心机早点停下来，可以用木棍作为刹车，把皮带顶死。(　)

A. 正确　　B. 错误

402. 可以将安全帽当板凳坐。(　)

A. 正确　　B. 错误

403. 班组生产不安全的行为产生的根源主要在于操作者知道正确的操作，却不遵守。(　)

A. 正确　　B. 错误

404. 劳动者与用人单位签订劳动合同（含聘用合同）时，有权了解工作过程中产生的职业病危害及其后果、职业病防护措施和待遇等，并要求在劳动合同中写明。(　)

A. 正确　　B. 错误

405. 作业票终结以最高等级的风险作业为准，未完成的其他风险

作业延续到后续作业票。(　　)

A. 正确　　B. 错误

406. 现场工作前应组织学习作业指导书分析危险点，明确相应的预防措施，进行详细的安全技术交底，并录音。(　　)

A. 正确　　B. 错误

407. 事实证明，企业安全生产事故频发的诱因之一，正是对一起起未遂事件的容忍和忽视。(　　)

A. 正确　　B. 错误

408. 司机进行维护保养时，如有未消除的故障应告诉接班司机。(　　)

A. 正确　　B. 错误

409. 危险源可以是一次事故、一种环境、一种状态的载体，但不可以是导致产生不期望后果的人或物。(　　)

A. 正确　　B. 错误

410. “三无”是个人无违章、岗位无隐患、班组无事故。(　　)

A. 正确　　B. 错误

411. 班组工作现场应始终有安全监护人，对工作班组人员的安全认真监护，及时纠正不安全的行为。(　　)

A. 正确　　B. 错误

412. 吊钩起升后，一般高出地面最高障碍物 0.5 米为宜。(　　)

A. 正确　　B. 错误

413. 依据《安全生产法》的规定，生产经营单位不得使用应当淘汰的危及生产安全的工艺、设备。(　)

A. 正确　　　　B. 错误

414. 生产经营单位对国家明令淘汰的危及生产安全的落后工艺、设备，可采取加强管理和加强安全教育措施后继续使用。(　)

A. 正确　　　　B. 错误

415. 使用钻床时，将工件设置牢固后，方可开始工作。(　)

A. 正确　　　　B. 错误

416.《安全生产法》规定，事故抢救过程中应当采取必要措施，避免或者减少对环境造成的危害。(　)

A. 正确　　　　B. 错误

417. 事故的特性具有因果性、偶然性和必然性。(　)

A. 正确　　　　B. 错误

418. 企业安全生产标准化目标包括：消除或杜绝“三违”、实现“四不伤害”。(　)

A. 正确　　　　B. 错误

419. 班组安全管理标准化建设中员工三种核心能力为：安全操作技能、危险预知能力、应急处置能力。(　)

A. 正确　　　　B. 错误

420. 炼油厂的有毒物主要有汽油及其蒸汽、CO、SO_2、

H_2S。(　)

A. 正确　　B. 错误

421. 严格查处“三违”，并进行现场处罚。(　)

A. 正确　　B. 错误

422. 安全生产目标管理必须坚持：全员参加、全过程管理、全方位管理、全天候管理。(　)

A. 正确　　B. 错误

423. 通风排毒的方式有局部排风和全面通风换气两种，其中全面排风效果更好。(　)

A. 正确　　B. 错误

424. 安全带和专作固定安全带的绳索在使用前应进行外观检查。(　)

A. 正确　　B. 错误

425. 生产经营单位应当对从业人员进行安全生产教育和培训，保证从业人员具备必要安全生产知识，熟悉有关的安全生产规章制度和安全操作规程，掌握本岗位的安全操作技能，了解事故应急处理措施，知悉自身在安全生产方面的权利和义务。(　)

A. 正确　　B. 错误

426. 作为“安全有感”领导，要感知到安全生产的重要性；感受到做好安全工作的示范性；感悟到自身做好安全工作的紧迫

性。( )

A. 正确 B. 错误

427. 安全检查可分为定期性、经常性、季节性、专业性、综合性和不定期巡查等。( )

A. 正确 B. 错误

428.《刑法修正案（十一）》规定，强令他人违章冒险作业，或者明知存在重大事故隐患而不排除，仍冒险组织作业，因而发生重大伤亡事故或者造成其他严重后果的，处五年以下有期徒刑或者拘役；情节特别恶劣的，处五年以上有期徒刑。( )

A. 正确 B. 错误

429. 事故隐患如不能及时整改，可能会引发事故。( )

A. 正确 B. 错误

430. 安全救护技能包括安全避险技能。( )

A. 正确 B. 错误

431. 特别重大事故，是指造成 50 人以上死亡，或者 100 人以上重伤（包括急性工业中毒，下同），或者 1 亿元以上直接经济损失的事故。( )

A. 正确 B. 错误

432. 消除静电危害的措施有泄漏法、工艺控制法、静电中和法。( )

A. 正确　　　　　　　　B. 错误

433. 发现有人被机械伤害的情况时，虽及时紧急停车，但因设备惯性作用，仍可造成伤亡。(　)

A. 正确　　　　　　　　B. 错误

434. 处理化学液体时，应用防护面罩保护面部。(　)

A. 正确　　　　　　　　B. 错误

435. 企业的从业人员没有经过安全教育培训，不了解规章制度，因而发生重大伤亡事故的，行为人不应负法律责任，应由发生事故的企业中负有直接责任的负责人负法律责任。(　)

A. 正确　　　　　　　　B. 错误

436. 对从事接触职业病危害的作业的劳动者，用人单位应当按照国务院卫生行政部门的规定组织上岗前和在岗期间的职业健康检查，并将检查结果如实告知劳动者。职业健康检查费用由个人承担。(　)

A. 正确　　　　　　　　B. 错误

437. 开挖沟槽、基坑等，应根据土质和挖掘深度放坡。(　)

A. 正确　　　　　　　　B. 错误

438. 工会有权依法参加事故调查，向有关部门提出处理意见，但不能要求追究有关人员的责任。(　)

A. 正确　　　　　　　　B. 错误

439. 职业健康安全管理体系的各要素都是围绕着“危险源辨识、

风险评价和风险控制”工作的。(　)

A. 正确　　B. 错误

440. 现场心肺复苏应坚持不断地进行，如需将伤员由现场移往室内，中断操作时间不得超过 7 秒；通道狭窄、上下楼层、送上救护车等的操作中断不得超过 30 秒。(　)

A. 正确　　B. 错误

441. 安全质量标准化是对设备设施、现场环境与职业健康、安全管理进行打分考评。危险源辨识可以参照考评表进行。考评表中不合格的项目就是危险源。(　)

A. 正确　　B. 错误

442. 部门（车间）安全员每周应对班组安全活动录音进行监督审查，对其他的录音文件进行抽查，并填写监督意见。(　)

A. 正确　　B. 错误

443. 虚惊事件的分级标准中，异常事件和人身伤害事件的分级标准相同。(　)

A. 正确　　B. 错误

444. 危险源辨识的基本分析法建立在危险源分类的基础上。对于某项作业活动，对照危害分类中物的不安全状态、人的不安全行为和管理上的缺陷，确定本项活动中的具体危险源。(　)

A. 正确　　B. 错误

445. 冬季油料管线上应有防冻措施，一旦有的附件因气温低导致操作失灵，应用热水或蒸汽对其加热。(　)

A. 正确　　B. 错误

446. 工作中，严格按规定装卸、储存、运输、使用危险化学品。(　)

A. 正确　　B. 错误

447. 虚惊提案管理流程是收集、填写、共享、激励。(　)

A. 正确　　B. 错误

448. 作业现场的隐患排查治理是围绕消除人的不安全行为、物的不安全状态和环境的不安全因素展开的。(　)

A. 正确　　B. 错误

449. 安全就是不发生工伤事故、职业病、设备与财产损失的状况，以及人不受伤害、物不受损失。(　)

A. 正确　　B. 错误

450. 工作中，严禁将保护装置甩掉不用或者发现保护装置不合格仍然使用。(　)

A. 正确　　B. 错误

451. 安监人员在制止“三违”时不需要向违章者说明违章理由。(　)

A. 正确　　B. 错误

452. 安全管理工作只要抓好各项安全管理制度的建立，建立健全

安全生产落实机制，使个人行为、群体行为、管理行为制度化、规范化，就能确保安全工作的顺利进行。(　)

A. 正确　　B. 错误

453. 生产经营单位的从业人员是指该单位从事生产经营活动各项工作的所有人员，包括管理人员、技术人员和各岗位的工人，但不包括临时聘用的人员。(　)

A. 正确　　B. 错误

454. 班组安全管理就是保障工人在生产过程中的生命安全和身体健康，在我国的宪法中就规定了“改善劳动条件，加强劳动保护”的条款。(　)

A. 正确　　B. 错误

455. 连接电动机械及电动工具的电气回路应设开关或插座，并装设剩余电流动作保护器（漏电保护器），金属外壳应接地；电动工具应做到“一机一闸”。(　)

A. 正确　　B. 错误

456. 班组要建立两本安全管理台账，即静态的管理制度类台账和动态的原始记录类台账。(　)

A. 正确　　B. 错误

457. 在作业时，光线强度、湿度变化都能影响作业的安全。(　)

A. 正确　　B. 错误

458. 安全性评价是依据企业制度、经验总结和反事故措施设置

的。(　)

A. 正确　　B. 错误

459. 安全管理正是体现了安全生产、人人有责的基本内涵。(　)

A. 正确　　B. 错误

460. 打锤人应戴手套。(　)

A. 正确　　B. 错误

461. 工作环境危险辨识的范围和内容包括周围环境、建筑物、构筑物布置;风向、安全距离、卫生防护距离等;火灾危险、抢险救灾支持条件等。(　)

A. 正确　　B. 错误

462. 安全准入考试作为进入公司所属生产经营区域作业的基本条件,可替代专业部门、承包单位按照国家法律法规应开展的安全教育培训和考试。(　)

A. 正确　　B. 错误

463. 但凡使人感到厌烦、不需要的或有害身心健康的声音都称为噪声。(　)

A. 正确　　B. 错误

464. 人身事故应急演练每年至少开展两次。(　)

A. 正确　　B. 错误

465. 危险辨识工作只局限于对设备和环境开展。(　)

A. 正确　　B. 错误

466. “五同时”是指在计划、布置、检查、总结、评比生产的同时，要计划、布置、检查、总结、评比安全工作。（ ）

A. 正确 B. 错误

467. 当短时间离开金属切削机床时，不用关电源停车。（ ）

A. 正确 B. 错误

468. 安全检查以发现和消除各种事故隐患、交流情况、贯彻预防为主方针，是保证安全生产的重要措施之一。（ ）

A. 正确 B. 错误

469. 汽油的自燃点是225～530摄氏度，柴油的自燃点是350～380摄氏度。（ ）

A. 正确 B. 错误

470. 在尘毒作业区域作业时，必须按规定穿着工作服、工作帽、防尘毒用品等。（ ）

A. 正确 B. 错误

471. 工作安全分析法是把一项作业分成几个作业步骤，识别整个作业活动及每一步骤中的危险源。（ ）

A. 正确 B. 错误

472. 将识别的危险源按照风险矩阵法或作业条件危险性评价法进行分级，将所有危险源按风险度分为Ⅰ、Ⅱ、Ⅲ、Ⅳ级。（ ）

A. 正确 B. 错误

473. 建立健全交通安全管理机构如交通安全委员会，按照“谁主管，谁负责”的原则，对本单位所有的车辆、船只和驾驶人员进行安全管理和安全教育。(　　)

A. 正确　　　　　　B. 错误

474. 良好、安全的作业环境能够保证班组员工迅速、正确地完成任务，减少其在连续工作中的疲劳感，并减少对员工身体造成的不良影响。(　　)

A. 正确　　　　　　B. 错误

475. 列入年度和月度生产计划的技改、大修、小修应使用作业指导书，临时性检修不采用作业指导书。(　　)

A. 正确　　　　　　B. 错误

476. 既然差错是不可避免的，事故迟早都会发生，那么，管理者就难有作为。(　　)

A. 正确　　　　　　B. 错误

477. 对于危险源，首先要考虑安全防护等间接安全技术措施进行预防。(　　)

A. 正确　　　　　　B. 错误

478. 对于保洁人员整理出来的垃圾和废弃物要求日产日清。(　　)

A. 正确　　　　　　B. 错误

479. 安全教育主要包括安全生产思想、知识、技能三方面的教育。安全技术操作规程是安全教育的主要内容，还包括事故

教育、安全法制教育、新工人的三级教育、施工人员的进场教育、节假日前后的教育等经常性的安全教育。( )

A. 正确　　B. 错误

480. 查制度、查管理属于安全检查内容。( )

A. 正确　　B. 错误

481. 只要长期或者临时地生产、搬运、使用或者储存危险物品，这些危险物品就是重大危险源。( )

A. 正确　　B. 错误

482.《职业病防治法》规定，用人单位应当对劳动者进行职业健康检查，并为劳动者建立职业健康监护档案。( )

A. 正确　　B. 错误

483. 从业人员发现事故隐患或者其他不安全因素，应当立即向现场安全生产管理人员或者本单位负责人报告；接到报告的人员应当及时予以处理。( )

A. 正确　　B. 错误

484. 生产设备、保护、自动装置等发生故障或重大缺陷时，应及时制订防止事故发生的技术措施。( )

A. 正确　　B. 错误

485. 协调沟通是特聘群监员在开展安全监督检查活动中化解矛盾、解决问题的较好方法。( )

A. 正确　　B. 错误

486. 所有装有配电装置的地点均应设有与接地网相连的接地端，接地电阻应合格。(　)

A. 正确　　　　B. 错误

487. 在布置生产时，应组织生产现场危险点分析，布置安全措施。(　)

A. 正确　　　　B. 错误

488. 实施有限空间作业前，生产经营单位应根据检测结果对作业环境危害状况进行评估，制定消除、控制危害的措施，确保整个作业期间处于安全受控状态。(　)

A. 正确　　　　B. 错误

489. 安全生产监督检查人员应当将检查的时刻、地点、内容、发觉的问题及其处理情形，作出书面记录，并由检查人员和被检查单位的负责人签字。(　)

A. 正确　　　　B. 错误

490. 在高温环境中，毒物作用一般比在常温条件下大。(　)

A. 正确　　　　B. 错误

491. 班组长是班组安全检查的执行人和监督人。(　)

A. 正确　　　　B. 错误

492. 安全检查主要内容是查领导、查思想、查制度、查管理、查隐患、查安全设施。(　)

A. 正确　　　　B. 错误

493. 火灾使人致命的最主要原因是烧伤。( )

A. 正确 B. 错误

494. 安全操作规程应具有很强的针对性和可操作性。( )

A. 正确 B. 错误

495. 职业安全健康管理体系的三级监控机制包括绩效测量和监测、审核、管理评审。( )

A. 正确 B. 错误

496. 根据海因里希法则，事故是无伤害事件量变的结果，只有控制住无伤害事件，才能避免事故的发生；一般在事故发生之前都有过多次的违章行为、事故的征兆或发生过未遂事件，要提高员工的安全意识。( )

A. 正确 B. 错误

497. 班组应让每名员工都了解风险点的基本情况及防范、应急对策。( )

A. 正确 B. 错误

498. 使用大功率（1 千瓦以上）电器时，应有专人看管。( )

A. 正确 B. 错误

499. 班组和个人对安全生产监督管理部门的安全检查，应当予以配合，不得拒绝、阻挠。( )

A. 正确 B. 错误

500. 安全标志是由安全色、几何图形、图形符号和文字构成的标

志，用以表达特定的安全信息。(　)

A. 正确　　B. 错误

501. 使用锯床时，工件应夹牢，长的工件两头应垫牢，并防止工件锯断时伤人。(　)

A. 正确　　B. 错误

502. 使用各种安全标识对生产作业现场的各类危险进行标注、划分、隔离，作用是警示、隔离生产作业现场的各类危险，保证作业人员的安全。(　)

A. 正确　　B. 错误

503. 风险分级管控措施主要包括：应急控制、个体防护控制、管理（行政）控制、工程控制四个方面。(　)

A. 正确　　B. 错误

504. 梯子不宜绑接使用，人字梯应有限制开度的措施。(　)

A. 正确　　B. 错误

505. 有人员在梯子上工作时，梯子旁应有人扶持和监护。(　)

A. 正确　　B. 错误

506. 在使用电气工具工作中，因故离开工作场所或暂时停止工作以及遇到临时停电时，应关闭电气工具开关。(　)

A. 正确　　B. 错误

507. 职工在各项工作中要做好“四不伤害”工作。(　)

A. 正确　　B. 错误

508. 安全监督部门负责监督安措的实施，生产技术部门负责监督反措的实施。(　　)

A. 正确　　B. 错误

509. 机电设备运行时，操作人员可以将头、手、身伸入运转的机械行程范围内。(　　)

A. 正确　　B. 错误

510. 安全树是为系统地发现站、段、车间、班组、工序或机器、设备装置、环境以及各种操作、管理和组织措施中不安全因素而事先拟好的问题清单。(　　)

A. 正确　　B. 错误

511. 骨折急救时，开放性骨折，伴有大出血者，先固定、再止血，并用干净布片覆盖伤口，然后速送医院救治。(　　)

A. 正确　　B. 错误

512. 员工上班应该穿戴工作服、工作鞋等劳保用品，安全意识比较强的员工可以不穿。(　　)

A. 正确　　B. 错误

513. 班（组）长是班组安全互保的第一责任人，要加强作业现场的巡视，及时纠正、制止工作中的“三违”现象，在安全互保中负有组织责任。(　　)

A. 正确　　B. 错误

514. 大范围的触电死亡事故是电击造成的。(　　)

A. 正确　　　　　　B. 错误

515. 用人单位强令劳动者违章冒险作业，发生重大伤亡事故，只要不造成严重后果的，可以不追究责任人的刑事责任。(　)

A. 正确　　　　　　B. 错误

516. 上岗前应按规定穿戴好符合国家标准、统一规范的个人劳动防护用品。(　)

A. 正确　　　　　　B. 错误

517. 二氧化碳灭火器适用于扑灭电器火灾。(　)

A. 正确　　　　　　B. 错误

518. 用人单位应当为劳动者建立职业健康监护档案，并按照规定的期限妥善保存。(　)

A. 正确　　　　　　B. 错误

519. 触电者神志不清、判断意识无、有心跳但呼吸停止或极微弱时，应立即用仰头抬颏法，使气道开放，并对触电者施行心脏按压。(　)

A. 正确　　　　　　B. 错误

520. 氧气瓶及乙炔气瓶可以放在一起运送，但不准与易燃物品或装有可燃气体的容器一起运送。(　)

A. 正确　　　　　　B. 错误

521. 对可能突然溢出大量易燃易爆、有毒气体造成急性中毒的室内作业场所，应设置事故通风装置及与事故排风系统相联锁

的泄漏报警装置。(　　)

A. 正确　　　　　　　　B. 错误

522. 作业前和临时工进行安全交底后，方可允许其单独从事危险作业。(　　)

A. 正确　　　　　　　　B. 错误

523. 对操作者本人，尤其对他人和周围设施的安全可能产生重大危害的作业叫特种作业。(　　)

A. 正确　　　　　　　　B. 错误

524. 对正常使用的电动工具也应对绝缘电阻进行定期测量、检查。(　　)

A. 正确　　　　　　　　B. 错误

525. 在生产环境中，由于工业毒物、不良气象条件、生物因素、不合理的劳动组织以及卫生条件恶劣的职业性毒害而引起的疾病，都属于职业病。(　　)

A. 正确　　　　　　　　B. 错误

526. 安全工器具室内应配置适用的柜、架，可存放不影响安全工器具性能的其他物品。(　　)

A. 正确　　　　　　　　B. 错误

527. 作业区同岗位的两名以上包括两名职工在安全生产上是当然的互保对象，作业区的至少两个岗位按照工序或就近原则亦是互保对象，对安全生产和人身安全负同等的权利和责任，

车间职工为单数的，最后一名职工和所在班组长互为互保对象。(　)

A. 正确　　B. 错误

528.《安全生产法》规定，从业人员发现直接危及人身安全的紧急情况时，有权停止作业或者在采取可能的应急措施后撤离作业场所。(　)

A. 正确　　B. 错误

529. 慢性苯中毒主要是对呼吸系统造成伤害。(　)

A. 正确　　B. 错误

530.《安全生产法》规定，危险物品的生产、经营、储存、运输单位以及矿山、金属冶炼、城市轨道交通运营、建筑施工单位应当配备必要的应急救援器材、设备和物资，并进行经常性维护、保养，保证正常运转。(　)

A. 正确　　B. 错误

531. 各级工会组织必须贯彻“安全第一，预防为主”的方针，坚持“预防为主，群防群治，群专结合，依法监督”的原则。(　)

A. 正确　　B. 错误

532. 创伤急救止血时，可用电线、铁丝、细绳等作止血带使用。(　)

A. 正确　　B. 错误

533. 爆炸危险环境，保护零线可以与工作零线合用。(　　)

A. 正确　　　　B. 错误

534. 为了取用方便，手用工具应放置在工作台边缘。(　　)

A. 正确　　　　B. 错误

535. 发生火灾时最快捷的逃生方式是乘坐电梯。(　　)

A. 正确　　　　B. 错误

536. 夜间行驶或者在容易发生危险的路段行驶，以及遇有沙尘、冰雹、雨、雪、雾、结冰等气象条件时，应当降低行驶速度。(　　)

A. 正确　　　　B. 错误

537. 厂房内的应急照明和指示标识应齐全、完好、有效。(　　)

A. 正确　　　　B. 错误

538. 有毒品使用前须有科室主任的批准，方可称取。称取剧毒品，应按实验的用量仔细称取，领用和剩余均应有详细的登记记录。(　　)

A. 正确　　　　B. 错误

539. 清洗电动机械时可以不用关掉电源。(　　)

A. 正确　　　　B. 错误

540. 检查作业环境属于安全检查硬件方面的内容。(　　)

A. 正确　　　　B. 错误

541. 爆炸的类型一般有两种，即物理性爆炸和化学性爆炸。(　　)

A. 正确　　B. 错误

542. 发现设备异常状况但不构成设备缺陷的，待发展成缺陷再处理。(　)

A. 正确　　B. 错误

543. 磨光磨削小面积工件时，应尽量在台面整个宽度内排满工件，磨削时应一次进给。(　)

A. 正确　　B. 错误

544. 安全基础不牢固主要表现在：人员素质偏低、设备质量不良、环境条件较差和安全管理薄弱。(　)

A. 正确　　B. 错误

545. 入管井、地坑、密闭空间之前如果怀疑氧气不足，应采取用仪器测量的安全措施。(　)

A. 正确　　B. 错误

546. 处理事故的“四不放过”原则是事故原因未查清不放过、事故责任者没有严肃处理不放过、广大职工没有受到教育不放过、防范措施没有落实不放过。(　)

A. 正确　　B. 错误

547. 电脑着火了，最可行办法是拔掉电源后用湿棉被盖住电脑。(　)

A. 正确　　B. 错误

548. 高处作业所用的工具和材料应放在工具袋内，上下传递物件

应使用绳索，不得抛掷。(　)

A. 正确　　　　B. 错误

549. 依据《安全设施标准》，生产现场存在典型危险点的部位应设置危险点警示牌。(　)

A. 正确　　　　B. 错误

550. 作业现场突发事故，班组员工除了抢救身边的伤者，最重要的任务是通知周边群众。(　)

A. 正确　　　　B. 错误

551. 标准作业指导书应进行审核和审批，并实施动态管理，及时进行补充完善。(　)

A. 正确　　　　B. 错误

552. 发生形形色色事故，主要有四方面的原因：人的不安全行为、物的不安全状态、工作环境的不良、管理的缺陷。(　)

A. 正确　　　　B. 错误

553. 应急预案的评审是按照“分级负责”的原则对应急预案进行评审，由各级单位应急预案编制部门负责，邀请、组织相关班组成员进行。(　)

A. 正确　　　　B. 错误

554. 在充满可燃气体的环境中，不可以使用手持电动工具、手机等。(　)

A. 正确　　　　B. 错误

555. 把工厂潜在的大多数正常状态显现化，变成任何人一看就明白的事是目视管理的目的。(　)

A. 正确　　B. 错误

556. 作业中必须按规定着装、佩戴防护用品和正确使用防护用具，严格执行安全技术操作规程。(　)

A. 正确　　B. 错误

557.《安全生产法》规定，生产经营单位不得以任何形式与从业人员订立协议，免除或者减轻其对从业人员因生产安全事故伤亡依法应承担的责任。(　)

A. 正确　　B. 错误

558. 一般不安全的行为是操作者知道正确的操作，却不遵守导致的。(　)

A. 正确　　B. 错误

559. 防汛、防台风等应急处理预案所需项目，可以作为制定和修订反事故措施计划的依据。(　)

A. 正确　　B. 错误

560. 生产经营单位负责人在本单位发生重大生产安全事故时，不及时组织抢救或者在事故调查处理期间擅离职守或者逃匿的，给予降职、撤职的处分，对逃匿的处 15 日以下拘留；构成犯罪的，依照刑法有关规定追究刑事责任。(　)

A. 正确　　B. 错误

561. 班组安全教育必须由班组长认真执行。(　)

A. 正确　　B. 错误

562. 车间职教专职应当在《特种作业人员证》复审期届满 3 个月前向段职教科提出复审申请。(　)

A. 正确　　B. 错误

563. 施工现场的“五牌一图”是指工程概况牌、管理人员名单及监督电话牌、消防保卫牌、安全生产牌（十项安全措施）、文明施工牌、施工现场平面图。(　)

A. 正确　　B. 错误

564. 重大事故隐患与重大危险源是引发重大事故的源头，所以两者的概念是等同的。(　)

A. 正确　　B. 错误

565. 施工机械和电气设备不得带病运转和超负荷作业。(　)

A. 正确　　B. 错误

566. 操作工的“六严格”指严格进行交接班；严格进行巡回检查；严格控制工艺指标；严格执行操作票；严格遵守劳动纪律；严格执行有关安全规定。(　)

A. 正确　　B. 错误

567. 安全生产管理是公司老板和管理人员的事，跟普通员工没有关系。(　)

A. 正确　　B. 错误

568. 在安全管理中，安全检查比较重要。(　)

A. 正确　　B. 错误

569. 涂装作业场所应设置防爆型排风装置，室内通风应良好。(　)

A. 正确　　B. 错误

570. 企业各级行政正职一直到班组长都是安全生产第一责任者。(　)

A. 正确　　B. 错误

571. 领导为了赶生产任务，要求职工违章冒险操作时，职工有权拒绝操作，并有权批评、检举或控告领导。(　)

A. 正确　　B. 错误

572. 某单位发生火灾时，其临近单位应当给予支援。(　)

A. 正确　　B. 错误

573. 我国的安全生产管理体制是企业负责、行业管理、国家监察、群众监督。(　)

A. 正确　　B. 错误

574. 对于运输压缩、液化气体和易燃液体的槽车的颜色，国家有限制性规定。(　)

A. 正确　　B. 错误

575. 静电的危害主要有三个方面：静电引起火灾爆炸、静电电击和静电妨碍生产。(　)

A. 正确　　B. 错误

576. 高处作业人员必须身体健康，患有精神病、癫痫病及经医师鉴定患有高血压、心脏病等不宜从事高处作业病症的人员，不准参加高处作业。(　)

A. 正确　　B. 错误

577. 目视化安全管理是将危险的事物予以“警示”，刺激人的“视觉”，唤醒人的安全意识，防止事故、灾难的发生。(　)

A. 正确　　B. 错误

578. 墨菲定律是说无论你的错误有多小，只要你不断地重复，迟早会酿成事故。(　)

A. 正确　　B. 错误

579. 生产型企业每年应对相关人员进行安全生产规程制度培训和考试。(　)

A. 正确　　B. 错误

580. 作业人员或检查人员进入施工现场，应在规定的安全通道内出入和上下，不得在非规定通道位置行走。(　)

A. 正确　　B. 错误

581. 实验室应备有消防器材与安全急救措施。(　)

A. 正确　　B. 错误

582. 凡涉及人身和财产安全的设备应当符合国家或者行业安全生产标准。(　)

A. 正确　　　　　　　　B. 错误

583. 人机工程是通过工作系统的合理组织，在同时关注人的工作能力和需求的前提下，实现人、工装和工作对象的最佳组合，使作业在效率、安全、健康、舒适等几个方面的性能得到提高。(　)

A. 正确　　　　　　　　B. 错误

584. 从事接触职业病危害作业的人员，在离岗时应当进行职业健康检查，否则用人单位不得解除或者终止与其订立的劳动合同。(　)

A. 正确　　　　　　　　B. 错误

585. 支设独立梁模应设临时工作台，不得站在模上操作和在梁底模上行走。(　)

A. 正确　　　　　　　　B. 错误

586. 危险源辨识是认识危险源的存在并确定其可能产生的根源或状态。(　)

A. 正确　　　　　　　　B. 错误

587. 无安全措施安排生产、安全措施落实不到位不属于“三违”。(　)

A. 正确　　　　　　　　B. 错误

588. 强化外包人员作业行为管控，严肃查纠外包人员作业现场违章，实行安全记分“淘汰”制。(　)

A. 正确　　　　　　　　　　B. 错误

589. 运转中的机械设备对人的伤害主要有撞伤、压伤、轧伤、卷缠等。( )

A. 正确　　　　　　　　　　B. 错误

590. 班组工作场所只能放真正需要的物品。( )

A. 正确　　　　　　　　　　B. 错误

591. 在明确安全检查要点的基础上，班组长需要制订班组安全检查计划，明确安全检查的职责范围。( )

A. 正确　　　　　　　　　　B. 错误

592. 听觉疲劳是职业性耳聋的早期信号，防止听力疲劳的继续发展是预防噪声性耳聋的关键环节。( )

A. 正确　　　　　　　　　　B. 错误

593. 按照《职业病防治法》规定，班组不得安排未经上岗前职业健康检查的劳动者从事接触职业病危害的作业，不得安排有职业禁忌的劳动者从事其所禁忌的作业。( )

A. 正确　　　　　　　　　　B. 错误

594. 安全管理的思想基点、管理机制的重点、管理方法和手段，都必须以预防为中心。( )

A. 正确　　　　　　　　　　B. 错误

595. 使用梯子作业时，可以在没有人为扶梯监护下进行作业。( )

A. 正确　　　　　　　　B. 错误

596. 安全工器具发现有缺陷时，应及时修复使用。（　）

A. 正确　　　　　　　　B. 错误

597. 当完成工作任务需要运用多种技能、判断和经验时，团队工作产生的效果明显优于个体工作。（　）

A. 正确　　　　　　　　B. 错误

598. 追控中强化激励手段，要坚持做到：对防止事故的请奖报告立即审批；对发生事故、事故苗子的处理请求，按有关规定及时研究处理。（　）

A. 正确　　　　　　　　B. 错误

599. 坚持“安全第一，预防为主，综合治理”的工作方针，贯彻落实国家法律、法规和各项规章。（　）

A. 正确　　　　　　　　B. 错误

600. 采用吊篮脚手架施工，起大风时应将吊篮放至地面，切断电源后方可离岗。（　）

A. 正确　　　　　　　　B. 错误

601. 危险品是指易燃易爆物品、危险化学品、放射性物品等能够危及人身安全和财产安全的物品。（　）

A. 正确　　　　　　　　B. 错误

602. “安全第一”就是要始终把安全放在首要位置，优先考虑从业人员和其他人员的安全，实行“安全优先”的原则。（　）

A. 正确　　　　　　　　B. 错误

603. 库房管理员应将领出物品登记造册，物品领取人应在出库单上签名。(　)

A. 正确　　　　　　　　B. 错误

604. 应急预案和现场处置方案的编制程序是制定出规划后成立工作组，收集资料后进行风险辨识来进行编制，最后备案。(　)

A. 正确　　　　　　　　B. 错误

605. 施工用水、雨水、脚手架基础排水不良是导致脚手架不均匀沉陷的主要原因之一。(　)

A. 正确　　　　　　　　B. 错误

606. 在屋面上安装石棉瓦时，可以在石棉瓦上行走。(　)

A. 正确　　　　　　　　B. 错误

607. 对伤员搬运的“三先三后”原则是：对窒息伤员要先复苏；对出血伤员要先止血；对骨折伤员要先固定。(　)

A. 正确　　　　　　　　B. 错误

608. 设备若有异常或发生故障，操作人员必须立即停机，做好必要的安全防护工作，并立即通知设备维修人员进行处理，严禁设备带病运行。(　)

A. 正确　　　　　　　　B. 错误

609. 司机在开车前，必须鸣笛或报警。操作中接近人时，亦应给

以断续笛声或报警。(　)

A. 正确　　B. 错误

610. 危险是指系统中存在导致发生不期望后果的可能性超过了人们的承受程度。(　)

A. 正确　　B. 错误

611.《安全生产法》中所指的生产经营单位包括国有企业事业单位、集体所有制企业事业单位、合伙企业、个人独资企业，但不包括中外合资经营企业、中外合作经营企业、外资企业。(　)

A. 正确　　B. 错误

612. 若遇六级以上大风及雷暴雨、冰雹、大雾等恶劣天气，不论是计划作业或事故抢修，都不得进行。(　)

A. 正确　　B. 错误

613. 班组长、安全员应熟练掌握设备、设施性能及物质的危险性质；严格执行班前会、“点检”、“巡检”等制度，班组安全检查记录齐全。(　)

A. 正确　　B. 错误

614. 班组长应做好岗位安全技术培训、新入厂工人的第三级安全教育和全班成员（不包括临时工）经常性的安全思想教育。(　)

A. 正确　　B. 错误

615. 在生产中可能突然溢出大量易燃易爆、有毒气体造成急性中毒的室内作业场所，应设置事故通风装置及与事故排风系统相联锁的泄漏报警装置。(　)

A. 正确　　B. 错误

616. 依据严重违章释义，劳务分包人员可以担任工作负责人（作业负责人)。(　)

A. 正确　　B. 错误

617. “风险识别、评估清册”中的风险编号具有唯一性，不得变更。(　)

A. 正确　　B. 错误

618. 劳动保护简单地说就是保护劳动者在劳动过程中的效益。(　)

A. 正确　　B. 错误

619. 现场分析和改善的目的是使工艺路线更短、更合理；使平面布置更流畅；使流水线节拍更均匀；使动作更快、更省、更小；使搬运距离更短、所用时间更少；使人机配合更紧密；使生产流程实现时间和费用的优化；使生产和工作环境更舒畅和完美。(　)

A. 正确　　B. 错误

620. 隐患排查治理应符合“闭环管理”，对隐患治理的效果进行验证和跟踪，按照隐患等级明确效果验证责任部门和验证程序要求。对已按照要求整改的隐患及时销号，对未按期和按

要求整改的隐患应督促整改并实施考核。(　　)

A. 正确　　　　B. 错误

621. 事故紧急抢修工作，指电气设备发生故障被迫紧急停止运行，需按计划恢复的抢修和排除故障的工作。(　　)

A. 正确　　　　B. 错误

622. 蓝色风险 /5 级风险：稍有危险，需要注意或可忽略的，员工应引起注意；蓝色风险 /4 级风险：轻度一般危险，可以接受或可容许的，车间、科室应引起关注；黄色风险 /3 级风险：中度显著危险，需要控制整改，公司、部室车间上级单位应引起关注；橙色风险 /2 级风险：高度重大风险，必须制定措施进行控制管理，公司对重大及以上风险危害因素应重点控制管理；红色风险 /1 级风险：不可容许的巨大风险，极其危险，必须立即整改，不能继续作业。(　　)

A. 正确　　　　B. 错误

623. 指导书的编制应围绕“可控、在控”这条主线，将所有工作内容融会贯通在一起，一环紧扣一环。(　　)

A. 正确　　　　B. 错误

624. 建立健全交通安全监督、考核、保障制约机制，必须实行“准驾证”制度，落实责任制，对所管辖车辆和驾驶员能够进行安全有效制约。(　　)

A. 正确　　　　B. 错误

625. 货物高度超过阻挡视线或下坡时，不可以向前缓慢行驶。(　)

A. 正确　　B. 错误

626. 班组的安全管理是企业安全管理工作的基础，安全管理目标是企业诸多目标的重要组成部分。(　)

A. 正确　　B. 错误

627. 班组安全管理的目标应与上级和部门目标协调一致，保证上一层次目标的实现。(　)

A. 正确　　B. 错误

628. 在 5 米及以上高处进行作业时，应采取措施防止器材坠落。(　)

A. 正确　　B. 错误

629. TPM 的中文全称就是全员设备保全。(　)

A. 正确　　B. 错误

630. 特种作业人员未经专门的安全作业培训，未取得特种作业操作资格证书，上岗作业导致事故的，应追究生产经营单位有关人员的责任。(　)

A. 正确　　B. 错误

631. 隐患排查与治理是企业安全生产主体责任的重要内容，隐患排查不同于一般的企业日常安全检查或安全巡视，必须做到有组织体系、有排查标准、有排查记录、有排查整改方案、有整改效果验证等“五有”要求，二者互为补充。(　)

A. 正确　　　　　　　　B. 错误

632. 安全检查表是安全系统分析中一种常用的分析方法。其基本任务是发现和查明系统的各种危险和隐患，监督各项安全法规、制度。(　)

A. 正确　　　　　　　　B. 错误

633. 根据风险点识别方法，建议以安全检查表（SCL）法对生产现场及其他区域的物的不安全状态、作业环境不安全因素及管理缺陷进行识别；以作业危害分析（JHA）法并按照作业步骤分解逐一对作业过程中的人的不安全行为进行识别。(　)

A. 正确　　　　　　　　B. 错误

634. 班组安全员的工作仅仅是在班组长的领导下，念一念上级部门的文件，做一做安全活动记录，清理安全工器具。(　)

A. 正确　　　　　　　　B. 错误

635. 在工作中遇雷、雨、大风或者其他任何情况时，工作负责人或专责监护人可临时停止工作。(　)

A. 正确　　　　　　　　B. 错误

636. 防坠落用品包括安全带、安全网、安全绳、安全板、铁脚扒等。(　)

A. 正确　　　　　　　　B. 错误

637. 专责监护人不准兼做其他工作。(　)

A. 正确　　　　　　　　B. 错误

638. 医疗处理事件是指与工作相关的轻微伤害或轻微疾病，由急救员或具备同样能力的人员处理即可，而不一定需要专业医护人员处理的情况。(　　)

A. 正确　　　　　　　　B. 错误

639. 对中毒或窒息人员的急救应立即将伤员从危险区抢救到新鲜风流中，并安置在顶板良好、无淋水的地方。(　　)

A. 正确　　　　　　　　B. 错误

640. 人员受伤后必须在原地检伤，实施包扎、止血、固定等救治后再搬运。(　　)

A. 正确　　　　　　　　B. 错误

641. 安全带适用于基准面 2 米以上的高处作业。(　　)

A. 正确　　　　　　　　B. 错误

642. 事故处理“四不放过”原则的内容：(1) 事故原因未查清不放过。(2) 责任人员未处理不放过。(3) 整改措施未落实不放过。(4) 有关人员未受到教育不放过。(　　)

A. 正确　　　　　　　　B. 错误

643. PDCA 管理循环是螺旋上升式的循环，每转动一周，质量就提升一步。(　　)

A. 正确　　　　　　　　B. 错误

644. 安全工作的重心在班组，班组安全工作的关键在班组

长。(　)

A. 正确　　B. 错误

645. 触电事故分为直接触电和间接触电两种，应采取不同的安全措施。(　)

A. 正确　　B. 错误

646.《安全生产法》规定，安全设施投资应当纳入建设项目概算。(　)

A. 正确　　B. 错误

647. 灭火器前面可以放置、堆积物品。(　)

A. 正确　　B. 错误

648. 通过安全管理标准化班组台账不仅可以基本反映班组安全生产的真实过程和安全管理的实绩，而且为解决安全生产中存在的问题、强化安全控制、完善安全制度提供了重要指导，是规范班组安全管理、夯实班组安全基础的重要手段。(　)

A. 正确　　B. 错误

649. 随着团队的成熟，团队成员像致力于自己的目标一样致力于团队其他成员的目标，这是指团队工作中协作的优势。(　)

A. 正确　　B. 错误

650. 设备运转时，操作人员可以离开现场无人监护。(　)

A. 正确　　B. 错误

651. 应急办公室的职责是收集、汇总应急信息，决定本单位及下

属单位应急响应的启动和终止。(　)

A. 正确　　B. 错误

652. 复杂作业项目或技改工程的“危险因素控制措施卡”，由车间或部、公司的生技、安监部门负责人审核，由总工程师批准后执行。(　)

A. 正确　　B. 错误

653. 现场作业人员发现直接危及人身安全的紧急情况时，有权停止作业或者在采取可能的应急措施后撤离作业场所。(　)

A. 正确　　B. 错误

654. 使用过滤式防毒面具，其中空气中氧气体积浓度应不低于15%。(　)

A. 正确　　B. 错误

655. 事故树中，与门符号说明当所有输入事件同时发生时，输出事件才会发生的逻辑关系。(　)

A. 正确　　B. 错误

656. 违章是指一切违反安全工作规程的行为。(　)

A. 正确　　B. 错误

657. 穿戴护具的目的是保护自己的身体和健康。(　)

A. 正确　　B. 错误

658. 职业病诊断要有职业史、劳动卫生条件调查、症状、体征等方面条件。(　)

A. 正确　　　　B. 错误

659. 触电的危险程度完全取决于通过人体的电流大小。(　)

A. 正确　　　　B. 错误

660. 根据“两票三制”规定，事故紧急抢修应填用工作票，或事故紧急抢修单。(　)

A. 正确　　　　B. 错误

661. 胸外心脏按压时，按压与人工呼吸的比例关系通常是，成人为 30∶2，婴儿、儿童为 15∶2。(　)

A. 正确　　　　B. 错误

662. 安全管理实施程序：第一步是危害辨别，第二步是危险评估，第三步是危险控制。(　)

A. 正确　　　　B. 错误

663. 只要巡视人员按照书（卡）巡视，就能保证全面巡视无遗项。(　)

A. 正确　　　　B. 错误

664. 我国按照《突发事件应对法》，结合工作实际，建立了“三个体系，一个机制”的应急管理体系。(　)

A. 正确　　　　B. 错误

665. 班组安全工器具由班长指定的班员负责管理。(　)

A. 正确　　　　B. 错误

666. 用砂轮磨工具时应使火星向前，禁止用砂轮的侧面研

磨。(　)

A. 正确　　B. 错误

667. 综合性安全检查也可以称为全面安全检查，检查的内容涉及安全生产的各个方面。(　)

A. 正确　　B. 错误

668. 安全色中绿色表示指令、必须遵守的约定。(　)

A. 正确　　B. 错误

669. 大型货车装载宽度不得超过车厢 20 厘米，高度从地面算起不准超过 4 米。(　)

A. 正确　　B. 错误

670. 企业要建立安全生产隐患排查、治理制度，组织职工发现和排除隐患。主要负责人应当每月组织一次由相关安全管理人员、工程技术人员和职工参加的安全生产隐患排查。(　)

A. 正确　　B. 错误

671. 设计安全性是指设备的可靠性、可维修性、可操作性（人-机工程设计）以及先进性等。(　)

A. 正确　　B. 错误

672. 救援是保护人身安全的最后一道防线。(　)

A. 正确　　B. 错误

673. 地线应使用专用的线夹固定在导体上，严禁用缠绕的方法进行接地或短路。(　)

A. 正确　　B. 错误

674. 无本企业准驾证人员，严禁驾驶本企业车辆。(　)

A. 正确　　B. 错误

675. 毒物毒性可划分为四级，即剧毒、中毒、低毒、微毒。(　)

A. 正确　　B. 错误

676. 在高处作业时，正确使用安全带的方法是高挂（系）低用。(　)

A. 正确　　B. 错误

677. 班组安全教育的内容是如何操作机械设备。(　)

A. 正确　　B. 错误

678. 工作终结后，若有其他单位配合停电线路，还应及时通知指定的配合停电设备运维管理单位联系人。(　)

A. 正确　　B. 错误

679. 车行道、人行道上方的悬挂物应牢固可靠，当人行道上方有移动物体时，设置警示标识即可，无须采取防护措施。(　)

A. 正确　　B. 错误

680. 安全带应高挂低用，注意防止摆动碰撞。(　)

A. 正确　　B. 错误

681. 生产经营规模较小，可以不建立应急救援组织，但应当指定兼职的应急救援人员。(　)

A. 正确　　B. 错误

682. 使用射钉枪、压接枪等爆发性工具时，除严格遵守说明书的规定外，还应遵守爆破的有关规定。(　)

A. 正确　　B. 错误

683. 企业安全性评价的闭环动态管理过程根据危害程度对存在问题进行评估和分类，按照评估结论对存在的问题制定并落实整改措施，然后在此基础上进行新一轮的循环。(　)

A. 正确　　B. 错误

684. 单件生产方式、大量生产方式、精益生产方式是工业发展经历的主要阶段。(　)

A. 正确　　B. 错误

685. 要在虚惊事件发生后，立即写下来，并于当日进行汇报。(　)

A. 正确　　B. 错误

686. 生产经营单位在从业人员同意的情况下订立某种协议，就可以免除或者减轻其对从业人员因生产安全事故伤亡依法应承担的责任。(　)

A. 正确　　B. 错误

687. 安全工器具的电气试验和机械试验可由各使用单位根据试验标准和周期进行，也可委托试验。(　)

A. 正确　　B. 错误

688. 好的目视化有利于标准的执行，目视化的方式方法要求站在基层员工和基层管理者的视角去进行。(　)

A. 正确　　B. 错误

689.《安全生产工作规定》规定临时工进入高压带电场所工作，必须由监护人进行安全交代后（签名）方可开工。（　）

A. 正确　　B. 错误

690. 司机必须听从指挥人员指挥，当指挥信号不明时，司机应发出重复信号询问，明确指挥意图后，方可开车。（　）

A. 正确　　B. 错误

691. 仓库货物太多时可以占用消防通道和堵塞消防设施。（　）

A. 正确　　B. 错误

692. 生产经营单位的特种作业人员必须按照国家有关规定经专门的安全作业培训，取得特种作业操作证，方可上岗作业。（　）

A. 正确　　B. 错误

693. 班组应急准备的目的是培养安全意识。（　）

A. 正确　　B. 错误

694. 班组成员以固定或动态结对等形式进行互保，不同班组的员工可以临时交叉结对。（　）

A. 正确　　B. 错误

695. 操作工在操作中如发现安全装置指示不准，必须立即自行整修拆卸，保证在用。（　）

A. 正确　　B. 错误

696. 实验室用水应为纯水，不应添加任何物质。(　)

A. 正确　　B. 错误

697. 职业病伤残等级的鉴定办法由国务院劳动保障行政部门会同国务院卫生行政部门制定。(　)

A. 正确　　B. 错误

698. 驾驶员不得超限、超载运输。(　)

A. 正确　　B. 错误

699. 如果作业现场有跨车间多专业班组同时交叉工作，在车间批准后还应经厂生产技术部门批准。(　)

A. 正确　　B. 错误

700. 按照《安全生产法》规定，班组在生产过程中作出涉及安全生产的决定，只需听取班组长的意见。(　)

A. 正确　　B. 错误

701. 班组发生的各种事故（包括异常、未遂、火灾火警），按照“四不放过”的原则查明原因，明确责任，及时上报，采取防范措施。(　)

A. 正确　　B. 错误

702. 通过安全培训，提高职工的安全意识和技术水平，变“我要安全”为“要我安全”等。(　)

A. 正确　　B. 错误

703. 班组长主持开好班前、班后会和每月一次或每个轮值一次的

班组安全日活动，并做好安全活动记录。（ ）

A. 正确 B. 错误

704. 作业现场的生产条件和安全设施等应符合有关标准、规范的要求，工作人员的劳动防护用品应合格、齐备。（ ）

A. 正确 B. 错误

705. 经营单位应当依法参加工伤社会保险，为从业人员缴纳保险费。（ ）

A. 正确 B. 错误

706. 在发生人身触电事故时，可以不经过许可，立即断开有关设备的电源，但事后应立即报告调度控制中心（或设备运维管理单位）和上级部门。（ ）

A. 正确 B. 错误

707. 禁止在没有监护的重要条件下指派临时工单独从事有危险的工作。（ ）

A. 正确 B. 错误

708. 人机工程学是一门多学科交叉的学科，研究的核心问题是不同的作业中人、机器及环境三者间的协调。（ ）

A. 正确 B. 错误

709. 临时工经过安规培训考试合格后，可以单独从事有危险的工作。（ ）

A. 正确 B. 错误

710. 人体动作分为 5 个级别，改善的目的就是提高动作级别。(　)

A. 正确　　B. 错误

711. 事故树是由输入符号（事件符号）和关系符号（逻辑符号）组成的，描述事故因果关系的有方向的树。(　)

A. 正确　　B. 错误

712. 没有预警机制，一旦发生事故，根本无法从容应对。(　)

A. 正确　　B. 错误

713. 在发生安全事故后，从业人员有获得及时抢救和医疗救治并获得工伤保险赔付的权利等。(　)

A. 正确　　B. 错误

714. 班组长有权拒绝执行不符合安全生产规定的指令和指挥，在组织生产时可以将生产先于安全计划、布置、检查、总结、评比。(　)

A. 正确　　B. 错误

715. 危险化学品使用场所应根据危险化学品特性设置相应的通风设施及应急处理设施。(　)

A. 正确　　B. 错误

716. 结合班组的实际情况和人员特点，制定出班组安全管理的目标和要求，使班组员工做有要求、干有目标。(　)

A. 正确　　B. 错误

717. 安全库存不属于浪费。(　)

A. 正确　　B. 错误

718. 如果企业重视事故预防，在职工中反复宣传，树立事故预防意识，严格操作规程，就可以避免事故的发生。(　)

A. 正确　　B. 错误

719. 有爆炸危险的场所使用的电器必须是精密电器。(　)

A. 正确　　B. 错误

720. 安全技术对策的具体原则有消除、预防、减弱、隔离、联锁、警告。(　)

A. 正确　　B. 错误

721. 班组应组织不同岗位的从业人员参与辨识各类危险源，危险源的辨识范围应包括班组所有的生产活动、基础设备设施和材料，过程、装置、运行程序和工作组织的设计，以及所有行政管辖区域。(　)

A. 正确　　B. 错误

722. 巡视设备时，应按照巡视路线图，对照“书（卡）”上内容和标准，逐项进行检查，并在该项签字栏内画“√”。(　)

A. 正确　　B. 错误

723. 各作业班组填写的“危险因素控制措施卡”，不必车间批准，只需班长批准分别签名后执行。(　)

A. 正确　　B. 错误

724.《安全生产法》规定，生产经营单位的从业人员是指该单位从事生产经营活动各项工作的所有人员，包括管理人员、技术人员和各岗位的工人，但不包括临时聘用的人员。(　)

A. 正确　　B. 错误

725. 安全事故是指生产经营单位在生产经营活动中突然发生的，伤害人身安全和健康，导致原生产经营活动暂时中止或永远终止的意外事件。(　)

A. 正确　　B. 错误

726. 所有升降口、大小孔洞、楼梯和平台必须安装不低于 1050 毫米高栏杆和不低于 100 毫米高的护板。(　)

A. 正确　　B. 错误

727. 安全操作规程是企业在长期的安全生产工作实践中，认真吸取事故教训，根据各工序、工种、设备的特点和技术要求，以及各作业过程的危险性，总结提炼而成的。(　)

A. 正确　　B. 错误

728. 安全评价中发现生产、储存装置存在现实危险的，应当立即停止使用，予以更换或者修复，并采取相应的安全措施。(　)

A. 正确　　B. 错误

729. 根据“两票三制”规定，总工作票应在分工作票许可后才可许可，总工作票应在所有分工作票终结后才可终结。(　)

A. 正确 B. 错误

730. 安全生产管理的“四全”原则有全员、全过程、全方位、全天候。(　)

A. 正确 B. 错误

731. 因从业人员发现直接危及人身安全的紧急情况时停止作业或者采取紧急撤离措施而延误生产，生产经营单位有权降低其工资、福利等待遇或者解除与其订立的劳动合同。(　)

A. 正确 B. 错误

732. 推广使用可靠、适用的安全工器具，是保障作业人员生命安全的重要手段之一。(　)

A. 正确 B. 错误

733. 触电急救现场应用的主要救护方法是人工呼吸法和胸外心脏按压法。(　)

A. 正确 B. 错误

734. 任何单位和个人不得阻挠和干涉对事故的依法调查处理。(　)

A. 正确 B. 错误

735. 现场易燃易爆危化品存放量不超过当班用量，必要时应减至最低工艺用量。(　)

A. 正确 B. 错误

736. 用人单位应当设立或者指定职业卫生管理机构或者组织，配

备专职或者兼职的职业卫生专业人员，负责本单位的职业病防治工作。(　)

A. 正确　　B. 错误

737. 验电应使用相应电压等级、合格的接触式验电器。(　)

A. 正确　　B. 错误

738. 遇火、受阳光、遇潮容易燃烧、爆炸或产生有毒气体的化学危险品，不得在露天、潮湿、漏雨或低洼容易积水的地点存放，应存放在阴凉、干燥、通风的库房内。(　)

A. 正确　　B. 错误

739. 伤亡事故发生后，事故发生部门应立即抢救伤员，并及时处理现场、恢复生产。(　)

A. 正确　　B. 错误

740. 安全警告标志的颜色为蓝色。(　)

A. 正确　　B. 错误

741. 企业义务消防组织每季组织一次活动，每年至少组织一次消防演习。(　)

A. 正确　　B. 错误

742. 班组安全管理整改情况要做到整改计划完成情况与奖金挂钩、与评比挂钩、与领导班子的业绩挂钩。(　)

A. 正确　　B. 错误

743. 欠压保护是当电源供电电压较低（低于额定电压的 85%）

时，因电磁铁拉力小，主接触器的静铁心不能吸合铁心，其主、副触头就不能闭合，即不能合闸（或工作时掉闸），从而可实现保护。(　)

A. 正确　　B. 错误

744. 因电气引起的火灾使用干粉灭火器、二氧化碳灭火器灭火效果好。(　)

A. 正确　　B. 错误

745. 岗位消防安全“四知四会”中的“四会”是指：会报警，会使用消防器材，会扑救初期火灾，会逃生自救。(　)

A. 正确　　B. 错误

746. 依据《安全生产法》，未按照规定设立安全管理机构或者配备安全管理人员的责令限期改正，逾期未改正的，可以停产整顿。(　)

A. 正确　　B. 错误

747. 火灾等级划分中，直接财产损失 100 万元以上就可以称为特大火灾。(　)

A. 正确　　B. 错误

748. 电气设备附近应配备适用于扑灭电气火灾的消防器材。发生电气火灾时应首先灭火。(　)

A. 正确　　B. 错误

749. 从业人员依法享有遇紧急情况时的停止作业权和紧急撤离

权。(　)

A. 正确　　B. 错误

750. 伤员脱离电源后，当发现触电者呼吸微弱或停止时，应立即通畅触电者的气道以促进触电者呼吸或便于抢救。(　)

A. 正确　　B. 错误

751. 在易燃、易爆、明火、高温作业场所不可以穿化纤服装进行作业。(　)

A. 正确　　B. 错误

752. 在目视管理中，颜色的使用是最常见的，不同的色彩会给人不同的分量感、空间感、冷暖感、软硬感、清洁感和时间感等。(　)

A. 正确　　B. 错误

753.《安全生产法》规定，新员工有权了解作业场所和岗位存在的危险源、环境危害因素。(　)

A. 正确　　B. 错误

754. 实验室工作人员因电源线路不够用时，须请电工补充电源，不得私自安装电路。(　)

A. 正确　　B. 错误

755. 预测控制管理系统要求抓好六个环节：(1)重点控制部位；(2)明确事故隐患；(3)落实控制对策；(4)定人限时消化；(5)检查、分析、总结；(6)再次进行预测。(　)

A. 正确 B. 错误

756. 风险作业开始实施前，作业班组负责人必须召开班会，宣读作业票进行交底。( )

A. 正确 B. 错误

757. 在梯子上时，在确保安全的前提下可以移动梯子。( )

A. 正确 B. 错误

758. 发现有人触电时，应立即切断电源，用木棍、竹竿等绝缘物体将电器挑离触电者身体。( )

A. 正确 B. 错误

759. “生产必须安全、安全为了生产”这一方针强调了生产的安全性，意味着生产活动必须在保证安全的前提下进行。( )

A. 正确 B. 错误

760. 从业人员对领导安排的工作必须完成，不得提出异议。( )

A. 正确 B. 错误

761. 发生异常的事态、正常作业不能实施的状态全部叫作异常。( )

A. 正确 B. 错误

762. 职业健康检查和相关医学观察的费用应由劳动者自己承担。( )

A. 正确 B. 错误

763. 劳动者可以在用人单位所在地的医疗卫生机构进行职业病诊

断。（ ）

A. 正确　　B. 错误

764. 班组每位员工都应该了解班组的主要风险点、风险类别、风险等级、管控措施和应急措施。（ ）

A. 正确　　B. 错误

765. 对被吊物体重量不清的，可以进行试吊，以确定是否可以起吊操作。（ ）

A. 正确　　B. 错误

766. 消防设施、器材应建立台账，定期检查，做好相关记录。（ ）

A. 正确　　B. 错误

767. 高处作业不得坐在平台、孔洞边缘，不得骑坐在栏杆上，不得躺在走道板上或安全网内休息；不得站在栏杆外工作或凭借栏杆起吊物件。（ ）

A. 正确　　B. 错误

768. 安全目视的分类管理有生产器具的目视管理、设备设施的目视管理、作业区域的目视管理、作业人员的目视管理。（ ）

A. 正确　　B. 错误

769. 预测控制管理系统中的“四方面”即对管理、作业、设备、人身四个方面逐项确定，解决四个方面的安全控制点。（ ）

A. 正确　　B. 错误

770. 通过安全色、标签、标牌等方式，明确人员的资质和身份、生产器具和设备设施的使用状态，以及生产作业区域危险状态是一种现场安全管理办法。(　)

A. 正确　　B. 错误

771. 班组要把安全互保纳入安全生产常态管理，列入安全例会、安全性评价和安全大检查等日常工作之中，做到安全互保工作与企业生产工作同布置、同检查、同总结、同考核。(　)

A. 正确　　B. 错误

772. 针对可能引发人身伤害的生产、设备、工艺出现的异常事件或者生产、设备、工艺质量事故而采取的现场处置指南性文件，一般不适用已发生的人身伤害事故。(　)

A. 正确　　B. 错误

773. 某企业发生事故，死亡 32 人，重伤 7 人，该事故按级别划分为重大事故。(　)

A. 正确　　B. 错误

774. 用人单位必须采用有效的职业病防护措施，并为劳动者提供个人使用的职业病防护用品。(　)

A. 正确　　B. 错误

775. 安全教育记录分为全员教育、新人教育、复工教育、变工种教育四种。(　)

A. 正确　　B. 错误

776. 工作场所应备有消防器材，严禁吸烟和其他明火，并不得存放油、棉纱等易燃品。(　)

A. 正确　　B. 错误

777. 班组安全管理的例行工作包括设备安全管理、班前班后会、安全日活动、安全检查、作业工器具和安全工器具管理、工作现场勘察和危险点分析、标准化作业、岗位培训、反违章。(　)

A. 正确　　B. 错误

778. 穿过浓烟逃生时，要尽量使身体贴近地面，并用湿毛巾捂住口鼻。(　)

A. 正确　　B. 错误

779. 防误装置的解锁工具（钥匙）或备用解锁工具（钥匙）应有借用制度。(　)

A. 正确　　B. 错误

780. 应做到作业现场清洁有序，作业环境中粉尘、有毒物质、噪声等浓度（强度）符合国家或行业标准要求，工具物品定置摆放，安全通道畅通，各类标识和安全标志醒目等。(　)

A. 正确　　B. 错误

781. 在班组安全管理标准化建设中，班组六种活动形式为班组建设活动、全员持证上岗、危险预知训练、岗位大练兵、岗位技术比武、师傅传帮带。(　)

A. 正确　　B. 错误

782. 承担安全评判、认证、检测、检验工作的机构，出具虚假证明，构成犯罪的，应当依照刑法有关规定追究民事责任。(　)

A. 正确　　B. 错误

参考答案

单项选择题

1. C	2. D	3. A	4. D	5. D
6. B	7. B	8. D	9. D	10. B
11. C	12. B	13. B	14. B	15. C
16. B	17. B	18. C	19. A	20. B
21. B	22. A	23. D	24. A	25. C
26. B	27. C	28. B	29. B	30. B
31. B	32. C	33. B	34. A	35. C
36. C	37. B	38. A	39. C	40. B
41. D	42. C	43. A	44. A	45. B
46. B	47. C	48. A	49. C	50. D
51. A	52. D	53. C	54. C	55. A
56. A	57. A	58. C	59. B	60. C
61. C	62. A	63. C	64. A	65. B
66. B	67. C	68. B	69. A	70. A
71. C	72. C	73. C	74. C	75. C
76. C	77. B	78. B	79. C	80. C
81. A	82. B	83. A	84. C	85. C
86. C	87. B	88. C	89. B	90. A

91. D	92. B	93. C	94. A	95. A
96. B	97. C	98. D	99. A	100. D
101. A	102. C	103. A	104. A	105. C
106. C	107. B	108. C	109. C	110. C
111. C	112. C	113. C	114. C	115. C
116. C	117. A	118. A	119. A	120. B
121. C	122. A	123. C	124. D	125. B
126. A	127. C	128. A	129. C	130. C
131. B	132. C	133. C	134. B	135. B
136. B	137. B	138. B	139. C	140. C
141. B	142. C	143. B	144. B	145. C
146. D	147. C	148. D	149. B	150. A
151. A	152. C	153. C	154. C	155. B
156. A	157. B	158. C	159. D	160. B
161. C	162. D	163. D	164. A	165. C
166. A	167. C	168. A	169. D	170. D
171. A	172. C	173. D	174. D	175. B
176. B	177. B	178. B	179. C	180. B
181. A	182. C	183. D	184. B	185. C
186. C	187. D	188. B	189. C	190. D
191. B	192. B	193. D	194. C	195. C

196. A	197. B	198. B	199. A	200. B
201. B	202. B	203. D	204. A	205. A
206. A	207. C	208. B	209. C	210. B
211. A	212. B	213. D	214. C	215. A
216. A	217. A	218. C	219. A	220. A
221. A	222. C	223. D	224. B	225. A
226. A	227. A	228. C	229. C	230. B
231. A	232. C	233. C	234. A	235. C
236. A	237. B	238. C	239. D	240. A
241. A	242. B	243. B	244. B	245. B
246. D	247. A	248. A	249. B	250. A
251. B	252. B	253. B	254. D	255. D
256. A	257. B	258. D	259. C	260. C
261. A	262. A	263. B	264. B	265. B
266. C	267. C	268. A	269. B	270. A
271. B	272. B	273. A	274. B	275. C
276. B	277. A	278. B	279. D	280. C
281. D	282. B	283. A	284. D	285. A
286. C	287. C	288. B	289. C	290. A
291. C	292. B	293. B	294. A	295. C
296. B	297. C	298. B	299. C	300. B

301. C	302. A	303. D	304. B	305. A
306. C	307. B	308. A	309. C	310. A
311. D	312. A	313. B	314. B	315. A
316. D	317. A	318. C	319. A	320. B
321. A	322. C	323. B	324. C	325. D
326. C	327. A	328. A	329. B	330. B
331. C	332. A	333. A	334. C	335. B
336. B	337. C	338. A	339. C	340. B
341. D	342. C	343. B	344. B	345. A
346. B	347. B	348. A	349. B	350. C
351. D	352. A	353. A	354. A	355. B
356. C	357. D	358. D	359. C	360. A
361. C	362. D	363. A	364. A	365. B
366. B	367. C	368. B	369. C	370. A
371. B	372. C	373. B	374. A	375. C
376. C	377. B	378. A	379. C	380. A
381. B	382. A	383. B	384. B	385. A
386. D	387. A	388. C	389. B	390. B
391. A	392. A	393. D	394. B	395. D
396. C	397. C	398. B	399. C	400. C
401. B	402. D	403. C	404. C	405. C

406. C	407. B	408. B	409. C	410. A
411. B	412. A	413. A	414. C	415. A
416. C	417. C	418. A	419. C	420. C
421. B	422. C	423. C	424. A	425. D
426. D	427. B	428. C	429. B	430. B
431. C	432. A	433. A	434. B	435. B
436. D	437. C	438. A	439. B	440. A
441. C	442. B	443. C	444. D	445. A
446. C	447. B	448. B	449. A	450. D
451. A	452. C	453. A	454. C	455. C
456. D	457. D	458. A	459. A	460. C
461. B	462. C	463. B	464. A	465. C
466. A	467. D	468. C	469. B	470. A
471. B	472. A	473. C	474. B	475. C
476. B	477. C	478. A	479. B	480. B
481. A	482. C	483. B	484. A	485. A
486. C	487. C	488. C	489. C	490. D
491. C	492. D	493. A	494. C	495. D
496. B	497. B	498. D	499. A	500. A
501. A	502. C	503. C	504. C	505. A
506. A	507. A	508. D	509. B	510. A

多项选择题

1. ABCD	2. ABCD	3. CD	4. ABCDE
5. ABCD	6. ABCD	7. ABC	8. ABCD
9. ABC	10. ABC	11. ABCDEF	12. BCD
13. ABCD	14. ABC	15. ABC	16. AB
17. ABCD	18. ABC	19. BC	20. ABCDE
21. BC	22. AB	23. ABC	24. ABCD
25. ABC	26. ABCD	27. BC	28. ABC
29. ABCD	30. ABCD	31. ABC	32. BCD
33. ABD	34. ABCD	35. ABCD	36. ABC
37. ABC	38. BCD	39. ABCD	40. ABCD
41. AC	42. BC	43. ABCD	44. BC
45. BC	46. ABD	47. ABCD	48. ABC
49. AD	50. ABCD	51. AB	52. ABC
53. ABCD	54. ABC	55. AB	56. ABCD
57. ABCD	58. ABCD	59. ABD	60. ABDE
61. ABC	62. BCD	63. BD	64. ABCD
65. ABD	66. ABCD	67. BD	68. BCD
69. ABC	70. AD	71. ABCD	72. ABCDE

73. ABC	74. ABD	75. ABCE	76. CD
77. ABCD	78. AB	79. AD	80. ABC
81. ABC	82. ABCD	83. ABC	84. BCD
85. ABCD	86. ABCD	87. ABC	88. ABCD
89. ABCD	90. ABC	91. BCD	92. ABD
93. AD	94. ABCD	95. ABCD	96. BD
97. ABC	98. ABCD	99. ABCDE	100. ABCD
101. ABD	102. ABCD	103. AB	104. AB
105. ABCD	106. ABCDE	107. ABC	108. ACD
109. ABC	110. BCD	111. AD	112. ABC
113. BD	114. ACD	115. BCD	116. AC
117. BCD	118. ABCD	119. CD	120. ABCD
121. AD	122. ABC	123. ABCD	124. ABCDE
125. ABC	126. ABC	127. ABCD	128. BCD
129. AD	130. BC	131. CD	132. ABCE
133. ABC	134. BCD	135. ABCD	136. ACD
137. ABC	138. ABCD	139. ABC	140. ABC
141. ABC	142. BC	143. ABC	144. ABCD
145. ABC	146. BD	147. BCD	148. ABC
149. ABCD	150. ABD	151. ABC	152. ABCD
153. ABCD	154. ABD	155. ABCD	156. ABCD

157. ACD	158. ABCD	159. ABD	160. ABCDE
161. ABC	162. ABC	163. ABCD	164. ABCD
165. ACDE	166. ABC	167. ABCD	168. ABC
169. ABCD	170. ACD	171. BCD	172. BCD
173. ABC	174. ABD	175. ABCD	176. ABCD
177. ABCD	178. BCD	179. ABCDEF	180. ABD
181. AB	182. ABCD	183. AB	184. ABCD
185. ABCDE	186. ABCD	187. ABD	188. ABCDE
189. ABCD	190. ABCD	191. ABCD	192. ACD
193. ABC	194. ABCD	195. CD	196. ABCDE
197. ABCD	198. AB	199. ABD	200. ABCE
201. ABCD	202. ABCD	203. ABD	

判断题

1. A	2. A	3. A	4. A	5. A
6. B	7. A	8. B	9. A	10. A
11. B	12. A	13. A	14. A	15. A
16. A	17. A	18. A	19. B	20. B
21. A	22. A	23. A	24. B	25. A

26. A	27. A	28. A	29. B	30. A
31. A	32. A	33. A	34. A	35. A
36. A	37. B	38. A	39. A	40. A
41. A	42. A	43. A	44. A	45. A
46. A	47. A	48. A	49. B	50. A
51. B	52. A	53. B	54. B	55. A
56. A	57. A	58. A	59. A	60. A
61. B	62. A	63. A	64. A	65. A
66. A	67. A	68. B	69. A	70. B
71. B	72. A	73. B	74. A	75. A
76. A	77. A	78. B	79. A	80. A
81. B	82. B	83. A	84. A	85. B
86. A	87. B	88. A	89. B	90. A
91. A	92. A	93. B	94. A	95. A
96. B	97. B	98. B	99. A	100. A
101. A	102. B	103. B	104. A	105. A
106. A	107. B	108. A	109. B	110. A
111. A	112. B	113. A	114. A	115. A
116. A	117. A	118. B	119. A	120. B
121. B	122. A	123. A	124. A	125. A
126. B	127. B	128. A	129. A	130. A

131. B	132. A	133. A	134. B	135. A
136. B	137. A	138. A	139. A	140. B
141. A	142. A	143. A	144. B	145. B
146. B	147. A	148. A	149. A	150. A
151. A	152. B	153. A	154. A	155. B
156. A	157. A	158. A	159. A	160. A
161. B	162. A	163. A	164. A	165. A
166. B	167. A	168. B	169. B	170. A
171. B	172. B	173. A	174. A	175. A
176. B	177. A	178. A	179. A	180. A
181. B	182. A	183. A	184. A	185. B
186. A	187. A	188. B	189. A	190. A
191. A	192. A	193. A	194. B	195. B
196. A	197. A	198. A	199. A	200. A
201. A	202. A	203. A	204. B	205. A
206. A	207. B	208. A	209. B	210. A
211. A	212. B	213. B	214. A	215. A
216. A	217. A	218. A	219. A	220. A
221. A	222. A	223. A	224. B	225. A
226. A	227. A	228. A	229. A	230. B
231. A	232. A	233. A	234. B	235. A

236. A	237. B	238. A	239. A	240. A
241. A	242. B	243. B	244. B	245. A
246. A	247. A	248. A	249. A	250. A
251. A	252. B	253. A	254. A	255. A
256. B	257. B	258. B	259. A	260. A
261. B	262. A	263. A	264. A	265. A
266. A	267. A	268. B	269. A	270. A
271. A	272. A	273. A	274. A	275. B
276. A	277. A	278. A	279. A	280. B
281. A	282. B	283. B	284. A	285. B
286. A	287. B	288. A	289. A	290. A
291. A	292. B	293. A	294. A	295. A
296. A	297. B	298. A	299. A	300. A
301. B	302. A	303. A	304. B	305. A
306. B	307. A	308. A	309. A	310. A
311. A	312. B	313. B	314. B	315. A
316. B	317. A	318. B	319. A	320. A
321. A	322. B	323. A	324. A	325. A
326. A	327. A	328. A	329. A	330. A
331. A	332. A	333. B	334. B	335. A
336. B	337. A	338. A	339. A	340. B

341. B	342. A	343. A	344. A	345. A
346. A	347. A	348. B	349. A	350. A
351. B	352. A	353. A	354. A	355. B
356. A	357. A	358. A	359. B	360. A
361. B	362. A	363. B	364. A	365. B
366. A	367. A	368. A	369. B	370. A
371. A	372. B	373. A	374. A	375. A
376. B	377. A	378. A	379. A	380. B
381. A	382. B	383. A	384. A	385. A
386. A	387. A	388. A	389. A	390. A
391. A	392. A	393. A	394. B	395. B
396. A	397. A	398. A	399. A	400. B
401. B	402. B	403. B	404. A	405. A
406. A	407. A	408. B	409. B	410. A
411. B	412. A	413. A	414. B	415. A
416. A	417. A	418. A	419. A	420. A
421. A	422. A	423. B	424. A	425. A
426. A	427. A	428. A	429. A	430. A
431. B	432. A	433. A	434. A	435. A
436. B	437. A	438. B	439. A	440. A
441. A	442. A	443. B	444. A	445. A

446. A	447. B	448. A	449. A	450. A
451. B	452. B	453. B	454. A	455. B
456. A	457. A	458. B	459. A	460. B
461. A	462. B	463. A	464. B	465. B
466. A	467. B	468. A	469. A	470. A
471. A	472. A	473. A	474. A	475. B
476. B	477. B	478. A	479. A	480. A
481. B	482. A	483. A	484. A	485. A
486. A	487. A	488. A	489. A	490. A
491. B	492. A	493. B	494. A	495. A
496. A	497. A	498. A	499. A	500. A
501. A	502. A	503. A	504. A	505. A
506. B	507. A	508. B	509. B	510. B
511. B	512. B	513. A	514. A	515. B
516. A	517. A	518. A	519. B	520. B
521. A	522. B	523. A	524. A	525. A
526. B	527. A	528. A	529. B	530. A
531. A	532. B	533. B	534. B	535. B
536. A	537. A	538. A	539. B	540. A
541. A	542. B	543. B	544. A	545. A
546. A	547. A	548. A	549. A	550. B

551. A	552. A	553. B	554. A	555. B
556. A	557. A	558. B	559. A	560. A
561. B	562. A	563. A	564. B	565. A
566. A	567. B	568. B	569. A	570. A
571. A	572. A	573. A	574. A	575. A
576. A	577. A	578. A	579. A	580. A
581. A	582. A	583. A	584. A	585. A
586. A	587. B	588. A	589. A	590. A
591. A	592. A	593. A	594. A	595. B
596. B	597. A	598. A	599. A	600. B
601. A	602. A	603. A	604. A	605. A
606. B	607. A	608. A	609. A	610. A
611. B	612. A	613. A	614. B	615. A
616. B	617. A	618. B	619. A	620. A
621. B	622. A	623. A	624. A	625. A
626. A	627. A	628. A	629. B	630. A
631. A	632. A	633. A	634. B	635. A
636. A	637. A	638. B	639. A	640. A
641. A	642. A	643. A	644. A	645. A
646. A	647. B	648. A	649. A	650. B
651. B	652. A	653. A	654. B	655. A

656. A	657. A	658. A	659. B	660. A
661. A	662. A	663. B	664. A	665. B
666. B	667. A	668. A	669. A	670. A
671. A	672. B	673. A	674. A	675. A
676. A	677. B	678. A	679. B	680. A
681. A	682. A	683. A	684. A	685. A
686. B	687. B	688. B	689. A	690. B
691. B	692. A	693. B	694. A	695. B
696. A	697. A	698. A	699. A	700. B
701. A	702. B	703. B	704. A	705. A
706. A	707. A	708. A	709. B	710. A
711. A	712. A	713. A	714. B	715. A
716. A	717. A	718. A	719. B	720. A
721. A	722. B	723. B	724. B	725. B
726. A	727. A	728. A	729. B	730. A
731. B	732. A	733. A	734. A	735. A
736. A	737. A	738. A	739. B	740. B
741. A	742. A	743. A	744. A	745. A
746. A	747. A	748. B	749. A	750. A
751. A	752. A	753. A	754. A	755. A
756. A	757. B	758. A	759. A	760. B

761. A	762. B	763. B	764. A	765. B
766. A	767. A	768. A	769. A	770. A
771. A	772. A	773. B	774. A	775. A
776. A	777. A	778. A	779. B	780. A
781. A	782. B			